知行合一
育人课堂教学实践探索

主　编◎尹金伶

副主编◎王海军　　王　颖
　　　　李伟臣　　刘连红

光明日报出版社

图书在版编目（CIP）数据

知行合一育人课堂教学实践探索 / 尹金伶主编 . --
北京：光明日报出版社，2019.6
ISBN 978 - 7 - 5194 - 5389 - 3

Ⅰ . ①知… Ⅱ . ①尹… Ⅲ . ①小学—教学研究—文集
Ⅳ . ①G622.0 - 53

中国版本图书馆 CIP 数据核字（2019）第 114000 号

知行合一育人课堂教学实践探索

ZHIXING HEYI YUREN KETANG JIAOXUE SHIJIAN TANSUO

主　　编：尹金伶

责任编辑：谢　香　郭玫君　　　　　　责任校对：赵鸣鸣
封面设计：中联学林　　　　　　　　　责任印制：曹　净

出版发行：光明日报出版社
地　　址：北京市西城区永安路 106 号，100050
电　　话：010 - 67014267（咨询），63131930（邮购）
传　　真：010 - 67078227，67078255
网　　址：http：//book.gmw.cn
E - mail：xiexiang@ gmw.cn
法律顾问：北京德恒律师事务所龚柳方律师

印　　刷：三河市华东印刷有限公司
装　　订：三河市华东印刷有限公司
本书如有破损、缺页、装订错误，请与本社联系调换，电话：010 - 67019571

开　　本：170mm×240mm
字　　数：164 千字　　　　　　　　　印　　张：12
版　　次：2019 年 6 月第 1 版　　　　印　　次：2019 年 6 月第 1 次印刷
书　　号：ISBN 978 - 7 - 5194 - 5389 - 3
定　　价：45.00 元

编 委 会

序

"行之力则知愈进，知之深则行愈达。"在庆祝改革开放 40 周年大会上，习近平总书记引用南宋理学家张栻《论语解·序》中的这句话，深刻阐释了改革中的"知""行"关系。新时代，教育改革之路则更需正确把握好知与行、认识与实践的本质内涵，踔厉步稳，久久为功，方能行稳致远。

2016 年 7 月，北京市密云区教师研修学院小学研修室，以市级课题"构建'知行合一'的育人课堂"研究为统领，以"民主、尊重、包容、崇尚科学、实践创新、发展思维"为价值追求，统筹引导小学各学科研修员研究与实践的重心，全面开展教师专业化研修工作，在深化教师专业化发展、推动立德树人落地生根上进行了卓有成效的实践。

三年来，课题研究推动研修工作知行合一。密云区教师研修学院小学研修室围绕研究课题，潜心理论学习，躬身实践锻炼，开展沙龙研讨，构建整体的"知行合一"育人课程框架，穿越小学阶段各学科边界，有效改变了学科研修员研修活动的片面性、孤立性、随意性，进一步提高了研修队伍整体研修能力和水平。同时，为深化区域教育供给侧改革，提供了多种资源、拓宽了多种渠道，探索出了多种教育范式。

三年来，课题研究促进教师发展知行合一。小学研修室先后编写出《小学各学科各年级践行"知行合一"育人理念、发展学生综合素养教学指导手册》《小学各学科构建"知行合一"育人课堂学案设计范本》等十多份指导性材料，引领全区各小学、各学科的校本研修工作，促进教与学齐头并进、互为补充。"知行合一"育人理念融入教育教学的各方面、各环节，入心、导行，有效提升了教师培训的系统性、序列性和实效性。

三年来，课题研究加快学生成长知行合一。深入探索以学生为中心的"知行合一"育人课堂，课题研究成为推动课堂质量不断提升的巨大引擎。"知行合一"育人课堂让学生深刻经历"猜想、探究、对话、合作、分享"等多种方式的学习过程，将培育核心素养融入教育教学的各环节，真正实现育人目标从"过分关注结果"到"既关注结果更关注过程"的实质转变，进一步增强了学生的实际获得。

不畏风雨勤耕耘，喜看今朝捷报传。广大研修员锐意进取，真抓实干，将"知行合一"理念转化为教育教学改革中的生动实践。各学校精彩纷呈的课程文化，各教研组、教研共同体一批批创造性的研究成果，课题参与者在现场教学、教学设计等各级各类评优中屡创佳绩，书报刊中一篇篇专题论文、案例的发表，学生必备品格和关键能力的不断增强，无不彰显着课题研究的累累硕果。本书收录的是近三年来老师们在课题研究中的实践经验和感悟，虽未尽善尽美，但"窥一斑而知全豹"，完全可以感受到老师们对教育的热爱和对研究的执着！

行百里者半九十。让每个孩子享受公平而有质量的教育，实现教育现代化，需要一代又一代教育工作者的接力奋斗。期待着密云区教师研修学院小学研修室的各位同仁再接再厉，再创佳绩！

北京市密云区教育委员会副主任　毛久刚

2018 年 12 月

序　言

2019 年的寒假前夕，看到北京密云区教师研修学院尹金伶副院长主持编写的《知行合一课堂教学的实践探索》书稿，这里记录了她带教师团队一起思考、研究、实践的历程。该书让我有机会再次去感受密云教师团队对教学实践研究的执着，让我从教师发展的视角去探寻教师专业成长之路径。我努力在字里行间体验着密云教师团队做课堂研究的幸福，进一步感受着他们"在工作状态下研究，在研究状态下工作"的状态。当然该课题研究或许对"知行合一"的理论研究还有待于深入，或许对课堂教学实践探索还有待于深入，但这毕竟是一群有志投身教学改革基层教师们的亲身实践，在这个过程中教师们不断地进行自我反思、相互学习，不断完善的实实在在的研究实践过程。值得我们学习和借鉴。

《知行合一课堂教学的实践探索》一书是尹金伶副院长主持的北京市教育学会"十三五"规划 2016 年度研究课题《课改背景下，"知行合一"育人课堂的研究》的部分研究成果。

首先，该团队在继承前人研究的基础上进行再研究、再实践，并不断丰富其内涵。

谈到"知行合一"，大家不难想到我国著名教育家陶行知，明代学者王阳明，西方教育家杜威……古今中外，有无数专家学者对理论和实践的辩证统一关系做过深入研究和阐述。密云教师在传承已有研究成果的同时，尝试赋予"知行合一"更多的内涵，努力引导学生亲身经历学习的过程，通过实践获得知识，拥有智慧、获得情感体验，做到知行并重，知行结合。该团队清醒地认识到：课程改革的主战场在课堂，他们将"知行合一"育人课堂的研究与"立德树人"这一教育的根本任务统一起来，努力体现社会主义核心价值观、中国学生发展核心素养的根本内涵。

第二，该团队研究沟通学科之间的联系，全员参与，在"知行合一"理念的指导下，总结和提升一线教师教学实践经验。

密云教委领导积极支持基层教师全员参与做好实践研究，统筹规划，整体推进。以教师进修学校牵头，小学研修室各学科研修员依托课题打破学科间的壁垒，沟通学科之间的联系，在"知行合一"共同理念的支撑下，根据本学科特点，结合本学科教学实际，引领全区小学各学科教师全员参与研究。

"知行合一课堂教学的实践探索"参与面广，各科教师研究内容也比较广泛。本书收入的25篇文章内容涵盖小学所有学科，切入点各不相同，涉及育人课堂的基本范式、理念的落实、评价的方式、作业的布置、现代信息技术的运用等若干层面。我相信，25篇文章只能是密云教师已有研究成果中的一小部分，作为各学科的代表呈现在读者面前，看似各自独立的成果，都指向"知行合一"育人课堂理念的落实。

第三，该团队的研究结合教学中的真问题，凸现了理论与课堂实践紧密结合。

密云教师团队的研究是从带着问题的学习开始的。从25篇文章的内容中不难发现，密云老师们的研究也同样体现了"知行合一"的育人课堂理念，有一定的深度。我这里谈到的有深度并非是指理论的高深，而是指教师们研究的深入。不管是哪一个学科研究的切入点，教师们都能基于一定的理论学习，从实践层面上剖析该如何体现"知行合一"理论，并不断丰富和完善。一条条切实有效的实施策略，朴实无华的实践感悟……倾注了教师们深入研究思考的心血。尽管现有研究在理论与实践的结合上，再研究方法上还有待提升，但每一篇文章都不失借鉴意义。

我相信，密云教师团队对"知行合一课堂教学的实践探索"后续的研究会更加深入。也真诚希望密云教师团队在"知行合一"理念的指导下不断探索，获得新收获。密云基础教育的明天会更美好！

北京教育科学研究院　吴正宪

目　录
CONTENTS

创造性地将"学习科学"理念转化为实际教学行为

北京市密云区教师研修学院　尹金伶

此文发表于《北京教育》2018 年第 12 期

内容摘要：学习科学理论认为"每一名学生都是天生的学习者！"课堂，应该成为学生自主建构知识、与同伴一起协同发展的地方；学习，应该以学生自己的方式展开。很多研究也证明学生主动参与、同伴互助、基于需求的学习活动设计，更利于学生素养的形成。那么，如何让教学基于核心素养的培育展开？如何让核心素养与学科核心素养的培育共同促进学生的全面健康成长？如何让"学习科学"这种先进的教学理念转化为实实在在的教学行动呢？本文将着重从三个方面加以论述，即"教标"变"学标"，让学习真实发生；激活前拥知识，重构认知体系；活动设计重在团队学习。并通过案例分享的形式，说明作者在研究与实践中的所思、所做、所得与所悟。

关键词：核心素养　学习科学　课堂实践　转化　激活　重构　团队学习

2016 年 9 月，《中国学生发展核心素养框架》（以下简称《框架》）正式发布，由此掀起了一场基于核心素养的新的课程改革大潮。《框架》内容共分为 3 个维度、6 个方面、18 个要点，作者认为其核心要义就是要让学生练就在具体、真实、复杂的现实环境中，正确、妥善地解决实际问题的能力，进而形成积极、健全的人格。而要培育具有核心素养的人，“学习”自然是绕不开的一个重要话题。

什么是“学习”?《现代汉语词典》是这样解释的：学习是指从阅读、听讲、研究、实践中获得知识或技能；是人的身体、智力和情感，协调互动、共同作用的对事物的认知和把握的过程。① “很多情境中都存在着学习。当学习者将他们所学的知识迁移到各种不同的新情境时，最有效的学习就发生了。”②学习结果能使人的心智和行为产生持久的变化。由此不难看出，学习对于一个人持续、健康的成长具有何等重要的意义。

既然学习对一个人的全面发展和健康成长具有如此重要的意义，那该如何让学习的效益最大化呢？约翰·哈蒂在《可见的学习——最大程度地促进学习》一书中有这样的数据分析：

约翰.哈蒂《可见的学习——最大程度地促进学习》		
来自教学方法的影响（部分）		
个性化教学	0.23	
合作学习	0.41	
合作与竞争学习	0.54	
问题解决教学法	0.61	
反馈	0.73	教师了解来自学生的反馈，即学生知道、理解什么，错在哪里等。生对师反馈可见。
提供形成性评价	0.9	

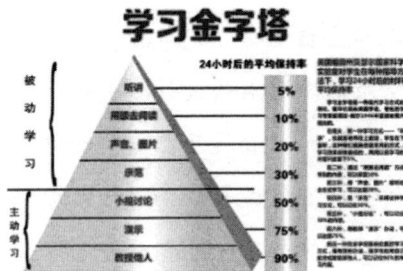

图 1

图 2

从图①中我们不难看出，在诸多教学方法中，反馈、及时性评价、问题导引和合作学习等学习方式，是对学生学习效果影响较大的几个方面。图②学习金字塔所呈现的被动学习和主动学习 24 小时以后的结果，也恰恰印证了图①的结论。而图①中强调的这些学习方式所凸显的一个核心就是“学生是学习的主人”。因此，我相信只要尊重学生的学习需求，了解学生的前拥知识，为学生提供一个轻松、安全的学习环境，每一名学生都应是天生的学习者。

一、"教学目标"变"学习目标"，让学习真实发生

教学目标是从教师教的角度确立的，从某种意义上说，它反应的是教师对教学内容的整体感知与理解，不仅包含着教学内容的知识与能力目标，而且也涵盖着对学生情感态度价值观的培养，也就是我们现在教学中最常见的"三维目标"。在表述时通常用"通过……引导学生……"这样的句式，活动的主体是教师。我们明显感觉到学生的学习行为是完全掌控在老师手里的。而这是违背学生学习规律的。

学习目标则是从学生学的角度确立的。学生在学习过程中，通过某些过程和方法实现对知识的理解、对技能的锤炼、对方法的探究、对情感的把握；目标越明确、越切合学生的实际情况，其学习行动的每一次努力就越能够获得成功。教师在确定京版小学数学四年级《观察物体》的学习目标时，是这样呈现的：

《观察物体》学习目标包括以下几个方面。

（1）多角度观察立体图形，将看到的形状画在方格纸上。

（2）根据三个方向呈现的平面图形的形状，用小正方体摆立体图形。

（3）在动手操作过程中，提高空间想象能力和动手操作能力，感受数学学习的快乐。

表述上的变化，不仅仅是字面上的变化、操作主体的变化，更是由关注"教"到关注"学"的学生观和学习观的转变。实践中，为了让学习目标更简洁、生动地呈现出来，我们又做了如下图的设计：

画出来

立体图形　　　观察　　　平面图形

摆出来

能力　＋　乐趣

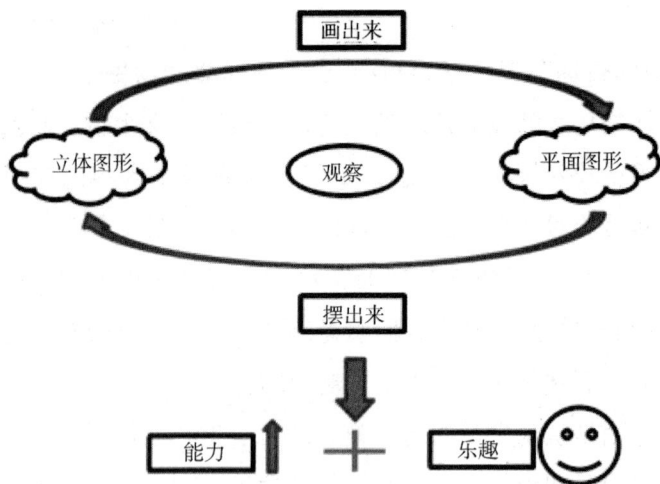

　　学习目标不仅要精炼，还要以学生喜闻乐见的形式出现，这样就能真正入眼、入心，使之成为学习活动发生的依据和最终归宿。学生明明白白地经历属于自己的学习全过程。

　　通过上面教学目标转变为学习目标的过程，我们觉得要想让学习目标真正成为课堂学习的指挥棒，要遵从下面几点：

　　1. 撰写目标时，行为主体应该是学生。

　　由过去教师是施"教"主体，变为学生是学习活动的主体，在制定目标的表述过程中，就要将这一点加以强化。

　　2. 撰写目标时，目标达成用外显行为动词表达。

　　目标达成用外显行为动词表达，就能具体、直观地展示出学习活动的全过程。动词的选择要尽可能具有可操作性、可观察性和可测量性。比如表现了解层面的有：说出、列举、复述、描述、背诵、辨认等词；表现理解层面的有：解释、说明、比较、分类、归纳、概括、猜想等；表现过程与方法层面的有：讨论、交流、合作、分享等。具体的句式可以概括为：学习目标＝行为主体＋行为条件＋行为动词＋行为结果。这样的一个式子，可以明确表达出学生"学什么"、"怎么学"、"学到什么程度"、"评价学习成效的标准"是什么。明确的学习目标，清晰的任务布置，充分的活动材料，充足的思考时空，为学生的学习搭建了一个脚手架，必将会大大提高学习的效率和效果。

二、激活前拥知识　重构认知体系

维果斯基的最近发展区理论[3]认为儿童在学习任何一项新知识、新本领前都不是一张白纸，所有儿童和成人都通过自己的先有概念来理解世界、解码信息。[4]所以说，了解学习者是一切教育实践不可或缺的而且是最重要的基础。[5]在教学《认识面积》这一内容时，教师设计了两道前测题。如下图所示：

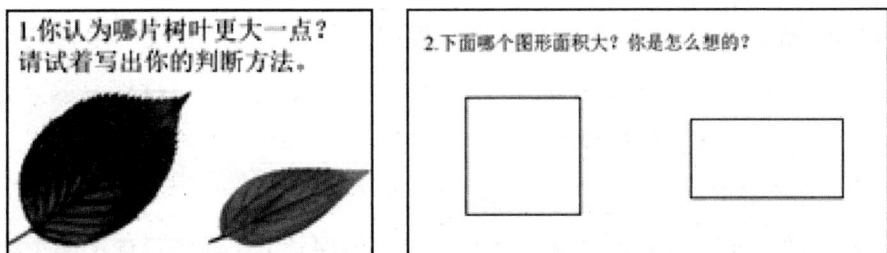

教师对全班21名学生进行了前测。在第1题中，21名学生都认为左边叶子大，可见学生头脑中对面积及面积大小有一定的感知。但对于原因大部分学生都表述不清楚，有2人认为左边叶子"体形"更大、"又长又胖"，占全部人数的9.5%，这两个人比较的是面积大小，可见他们头脑中对"面积"已经有了正确的认知；有5人比较的叶子的周长，占全部人数的23.8%；其余14人都是凭感觉认为左边叶子面积大。在第2题中，有6人是通过测量图形长、宽，然后计算出周长进行比较，占全部人数的28.6%，说明学生对"周长""面积"还不能够正确区分。有2人想到借助"小方格"进行比较，把图形分成小的正方形，占总人数的9.5%。其中1人分成了相等的小正方形，1人分成了不相等的图形。这2名学生已经有了借助"面积单位"个数判断图形大小的意识。了解了学生的前拥知识，教师设计有针对性的探究、质疑活动，学生的学习"研味十足"。

学生利用重叠法动手比较形状相似的图形的面积大小；利用画格子法比较形状不同的图形面积大小，引出统一面积的必要性。在学习过程中通过不同的面积单位的直观图形形状的比较，引导学生选择合适的面积单位……学习就这样抽丝剥茧、逐渐深入开来……

三、活动设计重在团队学习

佐藤学先生在其《静悄悄的革命》中告诫我们："学生自立、自律的学习必须在与教师的互动中，在与教材、教室中的学生以及学习环境的关系中加以认识。学习只在与教师、教材、学生、环境的相互关系中，才能够得以生成、发展。"基于此学习科学提倡团队学习。它打破学生独自学习的习惯，强调"让学生用自己的方式学习"。[6]学生在学习过程中学会交往，学会合作，形成团队精神和竞争意识。

1. 为落实重点而设计学习活动。

例如：在前文提到的《观察物体》一课的课堂上，教师设计了两个探究活动：活动一：多角度观察立体图形，将看到的形状画在方格纸上；活动二：根据三个方向呈现的平面图形的形状，用小正方体摆立体图形。这两个活动恰好分别落实本节课的两个教学重点，学生在活动中渐渐学会学习。

2. 为突破难点而设计学习活动。

一位教师在教学义教版小学数学四年级上册《平移》这一内容时，针对"将一个平面图形向某个方向平移几个方格要一格一格地移"这一教学难点，设计了下面的活动：

在方格纸上把长方形（见下图）向左平移 4 格，画出平移后的长方形。

自学提示：

1. 画一画，长方形向左平移4格。
2. 说一说，怎样按要求正确平移。
3. 想一想，还有什么好方法。

学生在操作后出现下面比较集中的两种答案：

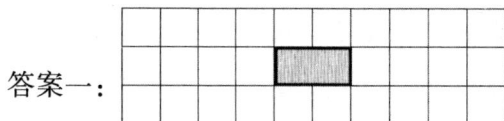

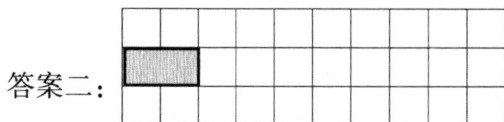

答案一：

答案二：

于是教师因势利导、因疑而探，设计开展更深入的操作活动。学生用可揭开、拿掉的长方形的"长"和"宽"，直观演示"一格一格地移"是什么意思。学习难点在操作中得以破解，开始迷惑的同学在同伴的直观演示下，思维被逐渐激活……

在设计有效学习活动的实践过程中，我们深深感悟到：以学习活动为载体，强化团队学习，首先要制造合作学习的必要性，活动要为学生提供"思考的脚手架"而不只是"记忆的脚手架"；其次要找准合作学习的契机，在新内容、难理解、方法各异等地方设计活动，让学生在亲身体验、参与探究、合作互动中实现学习的深度参与；还有一点就是要建立好学习团队组织。

学习科学，让教师学会科学施教、让学生快乐学习，从理念到行动，真正实现知行合一！

参考文献：

〔1〕《现代汉语词典（第5版)》，商务印书馆，2005年版（P1）

〔2〕《学习科学 友善用脑》商务印书馆2016（友善用脑丛书）2016年12月第1版（P）

〔3〕《人是如何学习的》，华东师范大学出版社，2013年1月第1版（P71）

〔4〕《学习的本质》，华东师范大学出版社，2015年7月第1版（P119）

〔5〕《学习的本质》，华东师范大学出版社，2015年7月第1版（P120）

主题教学背景下的单元教学整体设计及课堂实施

——以北京版《小学英语》四（下）Unit5 Is May Day a holiday 为例

密云区教师研修学院　　刘连红

此文 2018 年 3 月发表于《小学英语教学设计》

提　要　主题式教学强调基于内容的语言学习，主题的选择是主题式教学的关键，但基础是文本分析。本文结合着对一个单元的主题教学的研究过程，论述了基于主题教学背景下的教材文本解读、单元知识体系的建构以及一个课时的主题教学的研究过程。

《义务教育英语课程标准》（2011 版）指出："英语课程应成为学生在教师的指导下构建知识、发展技能、拓展视野、活跃思维、展现个性的过程。"这是英语教学实践的方向，教师不仅要深谙课程标准的理念，更要依托教师所用教材，以日常的课堂教学践行课程标准的要求。我区小学英语教学使用的北京版小学英语教材。在现实的教学中，存在着如下的问题：一是在教材使用中，教师对文本内容处理得过于碎片化，主要还是让学生掌握语言结构为主，这在一定程度上忽视了学生的全面发展。二是有的教师在课上只关注某一课时教学任务的完成，对于本课时在整个单元中的位置和作用，课时与课时之间的衔接以及为什么要这样安排并没有深度的思考，缺乏从单元整体角度去解读教学内容的单元整体意识。基于以上原因，我区的小学英语课堂教学需要找到一条合适的途径改变这种教学现象。恰在此时，北京市教科院基教研中心的王建平老师给我区小学名师工作室的成员做了《基于文本构建主题式教学的实践研究》的讲座，主题式教学为我们解决上述问题提供了一个可行的方法，为此，我区的小学英语名师工作室围绕着基于文本构建的主题教学开展了系列的研究。我们的研究重点既侧重于一个单元的主题教学，又重点研究了某一个课时的主题教学。

一、研究的内容

北京版小学英语四年级下册 Unit 5 Is May Day a holiday 这一单元的教学内容。

二、研究过程

（一）教材文本解读以及单元知识体系的建构

以话题为核心的教材编写对单元内每一课时的话题恰当合理的设定提出了很高的要求。在教学中，话题既为单元教学目标服务，也为单元教学内容与单元教学过程服务，因此，这就要求教师要有全局整体的教材观，认清文本在整个单元、整册书以及整体整套教材中所处的位置和地位，清楚知识发展和话题安排的来龙去脉，立足单元整体，围绕话题构建完整的单元知识网络图。但是研究的初始阶段，我们对主题式教学有着肤浅的认识，如何进行文本解读，建构单元知识体系还存在着很多的困惑，为此我们组织工作室成员开展了系列的研究活动。

1. 第一次文本解读。

首先，我们进行了单元分析，包括对教材文本的分析、单元教学目标、教材的重难点以及单元主题实践活动的设计。并依据对每个课时的教学内容的分析，确定了每个课时的小主题，授课教师在此基础上写出相应的教学设计。单元主题实践活动为介绍中国传统的节日"春节"。

2016.4.28，我区的小学英语名师工作室开展了基于文本的主题式教学的研修活动，四位教师分别从单元整体分析、每个课时的教学设计以及英语学科实践活动开展了说课活动，同时聘请了王建平主任对本次活动进行指导。通过王老师的指导，我们意识到我们对主题教学的理解并不到位。实施主题教学，需要选择和加工学习材料，需要最大限度的将教学内容与学生的语言学习结合起来。首先，每个课时都有自己的核心语言，英语学科实践活动应该是基于前三个小主题的学习基础上进行设计，应该围绕单元目标进行，在介绍的过程中要体现单元的核心语言，应该围绕本单元学习内容展开，如果把英语学科实践活动局限在春节上，就不能够保证单元教学目标的有效落实。

三位对话课授课教师在备课时虽然确定了小主题，写出了教学设计。但是在他们的设计上只关注某一课时教学任务的完成，对于本课时在整个单元中的位置和作用，课时与课时之间的衔接以及为什么要这样安排并没有深度的思考。所以我们对文本的解读并不到位。于是，在王老师的指导下，我们重新解读了文本。

2. 第二次解读文本

（1）梳理相关内容，建构知识之间的联系

本单元的话题为节日。从话题内容来看，整套教材在很多年级都涉及过节日的话题。学生在一至三年级学习过很多中西方节日。如 Teachers' Day, National Day, New Year, Christmas Day, Children's Day, Father's Day, Mother's Day. 等。围绕节日学生能够介绍常见节日的日期，主要节日的祝福语以及说出主要节日的活动。本单元继续围绕着"节日及安排"展开。重点介绍了 May Day, Children's Day, Dragon Boat Festival 这三个节日，每节课的重点既有所不同，又有所联系，同时上述的内容都有所涉及。而在本单元学习的基础上，学生将在五年级继续学习中西方的传统节日"Mid - Autumn Day, Double Ninth Festival, Easter"，在谈论这些节日时，本单元所涉及的内容将再次被谈论。所以本单元学习的节日在整套教材有关节日这个话题的学习过程中将起到承前启后的作用。

表一　整套教材中关于节日话题内容的梳理

节日名称	教材	单元	涉及的主要词汇	涉及的主要句型
Christmas Day New year	一年级 上册	Unit6 It's Christmas	Santa	Merry Christmas to you. Happy Chinese New Year! The Same to you.
Halloween, Thanksgiving, Chinese New Year	三年级 上册	Unit7 When is Thanksgiving?	Halloween, gold Thanksgiving, Christmas, New Year's Day, Chinese New Year Christmas tree, bell, gift, ribbon, star, silver,	When is Thanksgiving? It's in November. I like the colourful balls. They are gold, silver, and red. Let's celebrate Chinese New Year together.
Children's Day	三年级 下册	Unit 5 Children's Day	fly my new kite go to the bookstore go to the cinema go for lunch now dance play the piano have fish for dinner have meat for dinner play ping – pang play basketball	Do you want to fly my new kite? I will dance. How about you? I will play the piano.
Father's Day Mother's Day	三年级 下册	Unit6 Father's Day	doing your homework watching cartoons listening to English making a card playing a game listening to music	Happy Father's Day. Thank you so much.

续表

节日名称	教材	单元	涉及的主要词汇	涉及的主要句型
Children's Day May Day Dragon Boat Festival	四年级下册	Unit5 Is May Day a holiday?	May Day, Labour Day, World Earth Day, Tree-planting Day, Children's Day, National Day, New Year's Day the Great Wall, go to cinemas, go to a pottery shop, go to an amusement park, go to a puppet show, eat zongzi, visit their friends and relatives, see lantern shows at night	What are you going to do on May Day? We are going to visit the Great Wall in Shanhaiguan. What do you do on Children's Day? We go to cinemas on this day. What's special about this day? In many places people eat zongzi.
The Double Ninth Festival * The Lantern Festival * The Mid-Autumn Festival * Easter	五年级上册	Unit3 Can you tell me more about the Mid-Autumn Festival?	Moon cakes, the Chinese medicine, lemons sweet bitter sour hot the Double Ninth Festival The Lantern Festival The Dragon Boat Festival The Mid-Autumn Festival Thanksgiving Easter	How do they taste? Most moon cakes are sweet. When is the Double Ninth Festival? It's on the ninth day of the ninth month in the Chinese calendar. Can you tell me more about the Lantern Festival? People eat yuanxiao or tangyuan.

（2）确定单元教学目标，夯实单元知识体系之本

单元教学目标是教师在学生现有水平基础上为学生设置的最近发展区，而课时教学目标是在该区域搭建的"脚手架"。教师要在单元整体目标的引领下制定好每课时的目标，使各课时的目标成螺旋式上升，最后让学生在每节课中借助"脚手架完成英语学习任务。

有了对单元内容的整体梳理和分析，我们确定本单元的教学目标是：

教学目标：

①能够听懂、会说、认读关于节日及相关活动的词汇和短语如 May Day, visit the Great Wall, Children's Day, go to the puppet show, Dragon Boat Festival, dragon boat races 等。

②能模仿课文录音,并能听懂会说认读重点句型:"What are you going to do on…?""I am going to …""What do you do on Children's Day?"" I go to the cinema….""What's special about this day?""In many places people eat zongzi."并能在语境中真实运用。

③能通过听读对话和回答问题等理解文本的大意,能朗读并表演对话的内容。

④能够熟练运用所学语言与他人就节日的时间、意义、活动、庆祝的国家、节日习俗进行交流,并能根据节日简单介绍自己的计划或安排。

⑤通过学习,掌握不同世界节日及活动,乐于用英语与他人交流节日,感受中国传统文化的魅力。

(3) 深度分析教材,解读文本,确定主题

现代外语教学的一个基本理念是语言知识和语言技能学习必须在语境中加以呈现、体验、理解和实践。带有主题的教材内容能为学生提供语言学习的交际情境,话题的展开具有一定的内在逻辑。单元备课时的安排需要遵循这样的逻辑顺序。备课时的教学任务要从不同角度,逐步深入的展开话题的讨论,在话题的讨论中融合语言知识和技能的学习。

因此,在整个单元的主题教学的研究中,我们以 holiday 为主线,组织本单元各个课时的教学。整合后的教学内容和课时安排如下:

主题1
May Day

综合主题
Holiday

主题2
Children's Day

主题4
Holiday show

主题3
Dragon Boat Festival

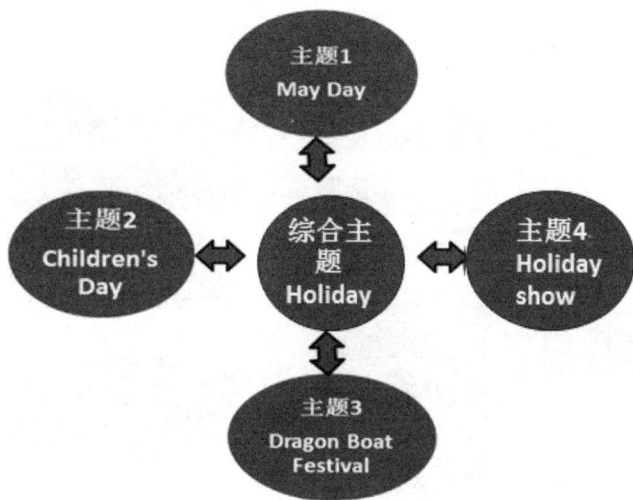

　　第一课时：Lesson15 对话场景是从谈论劳动节 Labor Day 入手，呈现了如何恰当地讨论节日日期、节日意义及相关活动安排，感受中外文化的差异。我们给这一课起的小标题是 May Day，帮助学生掌握节日的主题概念，学生能够根据不同节日交流节日计划。

　　第二课时：Lesson16 对话场景呈现了主人公就国际儿童节及可以做的活动进行交流，拓展了常见活动短语，丰富了学生的语言。我们给这节课起的小标题是 I love Children's Day. 以"love"为情感主线，在快乐中学习英语，在表达中体现学生对节日的期待和喜爱。

　　第三课时：lesson17 场景为学生呈现了如何向外国朋友介绍中国的传统节日——端午节，以及相关的传统文化知识，使学生感受到中国的传统文化。我们给这节课起的小标题是 Dragon Boat festival. 以"special"为主线，了解节日的特别之处，乐于向他人介绍中国其他传统节日

　　第四课时：Lesson18 为第四课时，单元复习课。是单元核心内容的巩固与延伸，也是学生体现语言能力和综合运用语言的时机。教师通过下图引导学生梳理和归纳本单元所学的节日，在完成教材各个版块内容的基础上，教师布置任务，让学生以小组为单位，通过海报，表演，讲故事等形

式介绍自己喜欢的节日。

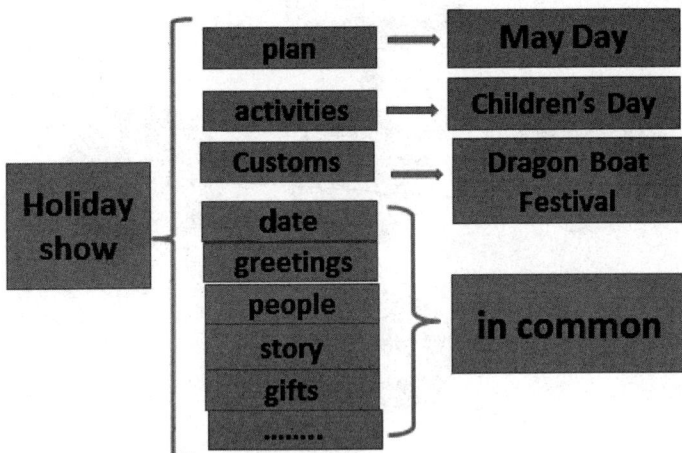

第五课时是英语学科实践课，也是学生分享，交流小组合作学习成果的语言实践课。在前三课时学习的基础上，通过第四课时对单元内容的梳理以及任务的布置，确定了本节课的主题为 holiday show. 本节课也是单元主题研究的成果展示。

（二）主题式教学的课堂实施

在课堂实施层面，我们以 15 课作为说课的方式进行研究展示，而 16 课、17 课和英语实践课以研究课的形式进行展示，交流，研讨。同时，在课堂的实施中，我们侧重一个课时的主题教学研究。下面以 16 课为例，阐述我们的研究过程。

依据对教材文本的分析，我们确定了 16 课的小主题是"We love Children's Day"，设计教学活动的思路如下：

Duty report引出主题 we love children's Day	Sing a song: Happy song. 值日生报告引出 Children's Day, 并谈论: When is Children's Day? What do you do on Children's day? 头脑风暴, 通过图片复习动词词组。出示 gift, 布置任务, 小组评价, 获胜组 get gift.
看图焦距主题, Lingling and Mike talk about Children's day.	出示主题图片 Who are they? What are they talking about? 听第一遍对话, 知道对话的内容是玲玲和麦克在谈论儿童节, Mike 想了解中国的儿童节。
听读对话, 探究主题 What do Children do in China?	看主题图1听对话理解: What do children do in China? 看主题图2, 听对话理解 Do children all over the country celebrate this day?)学生通过听读对话, 介绍在中国儿童是如何度过儿童节的。
播放国际儿童节视频, 结合视频, 说说世界各地儿童节的活动	播放国际儿童节视频, 结合视频, 了解世界各地儿童节的活动。 Pair work: What do you do on children's Day? 在此基础上让学生说一说: What do you do on May Day/ New year's Day/ National Day? 小组合作制作儿童节海报。

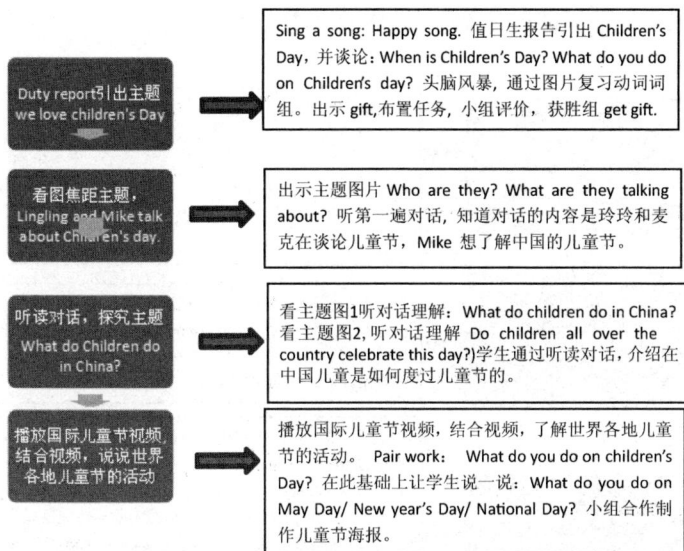

在进行课堂实施之后, 我们开展了课后研讨: 本课的学习主题是 "We love Children's Day. 是依据对对话文本的分析确定的。但是在课堂实施的过程中, 主题教学体现的不够明显, 学生对于 love 的感受不够充分。授课教师力图通过让学生唱 happy song, 设置小组评价, 获胜组得到 gift, 让学生谈一谈自己在儿童节所做的事情, 让学生感受 We love Children's Day. 而这些活动并没有深入学生的内心世界。唱 happy song, 学生未必能够感觉到 happy, 小组评价, 获胜的小组得到了 gift, 小组成员肯定非常高兴, 但是这不是因为谈论儿童节而体验到的快乐。学生在谈论儿童节做的事情的时候, 并没有和自己真实的生活结合起来。他们只是在利用教师头脑风暴中提到的词汇进行替换练习, 并没有表达出自己的真情实感。为此, 我们虽然依据文本, 确定了小主题, 但是在教学中没能结合学生生活、认知特点丰富主题任务, 主题教学不清晰。

另外, 本次的主题式教学研究, 我们不仅重点研究了一个课时的对话语篇, 还重点研究了单元整体教学。所以本节课要突出本节课的小主题, 还要体现单元整体特性以及各个课时之间的联系。为此, 我们重新调整了教学思路，进行了课堂实施，调整后的教学思路如下：

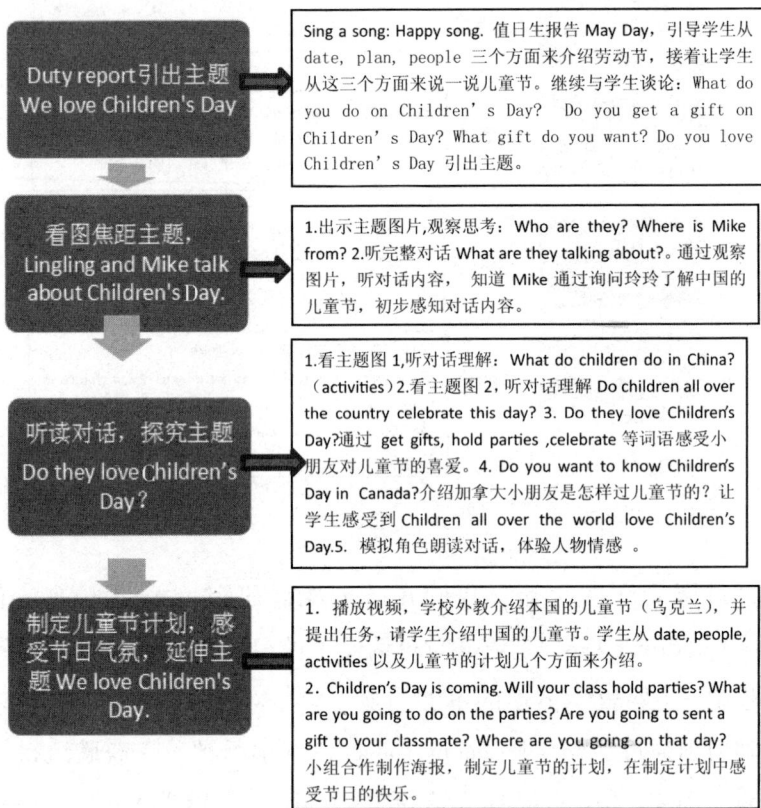

Duty report引出主题 We love Children's Day	Sing a song: Happy song. 值日生报告 May Day，引导学生从 date, plan, people 三个方面来介绍劳动节，接着让学生从这三个方面来说一说儿童节。继续与学生谈论：What do you do on Children's Day? Do you get a gift on Children's Day? What gift do you want? Do you love Children's Day 引出主题。
看图焦距主题，Lingling and Mike talk about Children's Day.	1.出示主题图片,观察思考：Who are they? Where is Mike from? 2.听完整对话 What are they talking about?。通过观察图片，听对话内容，知道 Mike 通过询问玲玲了解中国的儿童节，初步感知对话内容。
听读对话，探究主题 Do they love Children's Day?	1.看主题图1,听对话理解：What do children do in China? （activities）2.看主题图 2,听对话理解 Do children all over the country celebrate this day? 3. Do they love Children's Day?通过 get gifts, hold parties ,celebrate 等词语感受小朋友对儿童节的喜爱。4. Do you want to know Children's Day in Canada?介绍加拿大小朋友是怎样过儿童节的？让学生感受到 Children all over the world love Children's Day.5. 模拟角色朗读对话，体验人物情感 。
制定儿童节计划，感受节日气氛，延伸主题 We love Children's Day.	1. 播放视频，学校外教介绍本国的儿童节（乌克兰），并提出任务，请学生介绍中国的儿童节。学生从 date, people, activities 以及儿童节的计划几个方面来介绍。2. Children's Day is coming. Will your class hold parties? What are you going to do on the parties? Are you going to sent a gift to your classmate? Where are you going on that day? 小组合作制作海报，制定儿童节的计划，在制定计划中感受节日的快乐。

调整后的教学设计围绕主题 We love Children's Day，以不同人物是否喜欢儿童节为线索串联且融通在各个环节之中，各环节的任务设计既围绕主题，注重内容的选择，又注重内容体系之间的连贯，为教学育人的实施提供了丰富的素材。采用这种方式呈现教学内容，有效的改变了知识点零散以及教学内容碎片化的现象，同时又可以兼顾语言表达的情境性和学生语言内容间的联系。

调整后的教学设计在体现单元整体特性方面，做到了以下几点：首先，注意了各个课时的联系性。值日生汇报环节，没有让学生谈论儿童节，而是让学生谈论上一课所学的劳动节。引导学生从 date, plan, people

三个方面来介绍劳动节，接着让学生通过这三个方面来说一说儿童节。这样不仅温习了学生已有的儿童节的相关知识，而且还围绕 holiday 这个单元主题，引导学生把上一课学习的内容与本课的内容联系起来。其次，我们突出了本节课的特点。在学生学习完对话文本之后，教师及时总结，我们还可以从 activities 这个方面来谈论节日，突出了本节课的重点。最后，我们还注意促进单元目标的落实。通过前面的学习，教师总结如下板书：

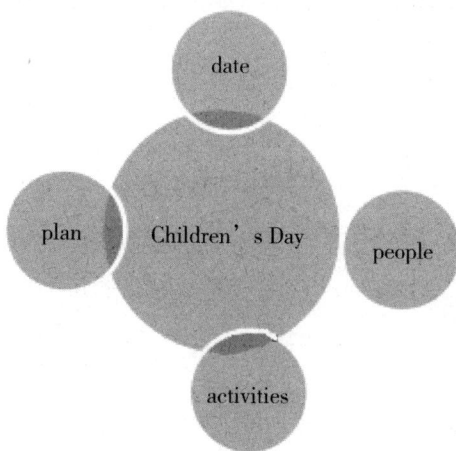

并设置一个任务，让学生介绍中国的儿童节给他们的外教，使学生能够从 date，plan，people，activities 这四个方面介绍儿童节，从而实现单元目标之一：能够运用简单的语句与他人就节日的话题进行交流，并且能够根据节日介绍自己的计划或安排。

三、结束语

基于文本的主题式教学的研究，不仅使我们对主题式教学有了深刻的认识，更重要的是在研究的过程中解决了日常教学中存在的一些困惑，使教师由关注语言知识结构的教学转变为以内容为依托的教学实践活动，在教学中我们更加注重活动的设计以及情境的创设。然而英语课程正由培养学生的综合语言运用能力向培养学生的英语学科素养转变，在这条道路上我们还任重道远。

参考文献：

王建平：《小学英语主题式教学的课堂实践与研究》，《中小学外语教学》2016 年 9 月第 9 期

义务教育教科书 英语（一年级起点）四年级下册 北京出版社 2014

教育部：《义务教育英语课程标准》北京师范大学出版社 2012 年 1 月第一版 P. 3

追求促进学生思维发展的科学课堂

北京市密云区教师研修学院　科学研修员/特级教师　李伟臣

本文 2017 年 9 月发表于《中小学教材教学》第九期"名师开讲"专栏

摘　要：中国学生发展核心素养强调"必备品格"与"关键能力"。在诸多关键能力中，思维能力居于核心位置，因此，促进学生思维发展理所当然应成为科学课堂教学的核心。从实践层面分析，"追求促进学生思维发展的科学课堂"的教学基本程序一般包括：提出问题—尝试解决—交流提炼—有效迁移—适时评价。科学教学中有多种基本的科学思维方法，其中核心是抽象与概括的思维方法，可以分为四个层次：在感知的基础上分析；在分析的基础上比较；在比较的基础上抽象；在抽象的基础上概括。在关注学生思维发展的科学教学中，要关注有助思维发展的教学细节，如用前后贯通的问题激发学生的思维，用科学记录单支持学生的思维。

关键词：学生思维发展，教学基本途径，思维方法

2016 年 9 月，中国学生发展核心素养课题组发布了研究成果《中国学生发展核心素养》。该文件指出，"核心素养是学生在接受相应学段的教育过程中，逐步形成的适应个人终生发展和社会发展需要的必备品格与关键能力。"[1]"关键能力"无疑是核心素养的核心关键词之一。古今中外的无

数教育家、学者的研究表明，在诸多关键能力中，思维能力居于核心位置，因此，促进学生思维发展理所当然应成为科学课堂教学的核心追求。

20 世纪 90 年代的《九年义务教育自然教学大纲》明确提出低、中、高三个年级段分别重点培养"比较、分类""概括、推理""分析、综合"等逻辑思维能力。21 世纪初的《小学科学（3～6 年级）课程标准（实验稿)》虽没有明确提出思维能力培养的重点，但大力倡导"科学学习要以探究为核心"，而探究的每个环节都离不开思维的参与。刚刚颁布的《义务教育小学科学课程标准》在"科学探究总目标"中明确提出"初步了解分析、综合、比较、分类、抽象、概括、推理、类比等思维方法，发展学习能力、思维能力、实践能力和创新能力，以及运用科学语言与他人交流和沟通的能力"。[2]

基于对科学学习的理解，我和我的团队教师在"十一五""十二五"期间，相继开展了区级课题《提高小学科学概念教学实效性的研究》《在小学科学教学中促进学生思维发展的策略研究》两个课题的研究工作。以上述两个课题为基础，又在"十三五"期间申报了中国教育学会科学教育分会的立项课题《基于科学实验促进学生思维发展的案例研究》。三个逐渐深入的课题将研究的核心定位在"促进学生的思维发展"，这与国内国际的科学教育研究发展趋势高度契合，在一定程度上增强了我们研究的信心。

本文将基于我和我的团队多年来的研究实际，主要从实践层面阐述我们在"追求促进学生思维发展的课堂"方面的一些努力。

一、设计科学教学的基本程序

概念的逐步建构过程也就是学生思维不断发展的过程。科学教学的基本程序从宏观上决定了科学课堂是否有助于促进学生的思维发展和概念形成。从 21 世纪初开始，我们在努力借鉴国内外有关"探究学习"、"思维型课堂教学"等理论与实践基础上，逐步形成本区域内被广泛认同的科学教学基本程序。最初是以"四环节两循环"为特征的科学教学基本程序（如图 1 所示）；此后，借鉴"5E"模式，又将科学教学基本程序调整改进为如图 2 所示的学习环。[3]

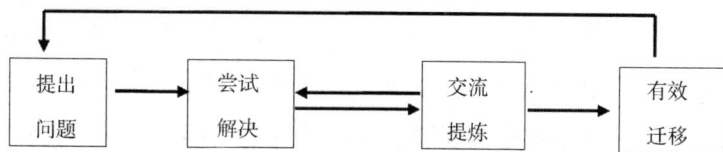

图 1　科学教学基本程序（四环节两循环）

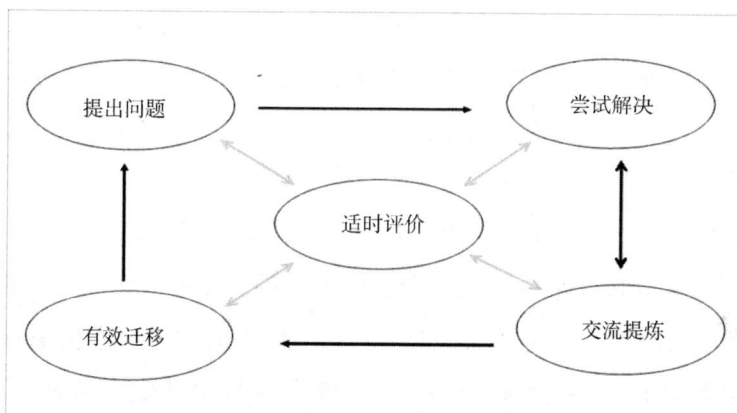

图 2　改进后的科学教学基本程序（学习环）

从促进学生思维发展和概念形成的角度考虑，在设计上述科学教学的基本程序时，我们注重如下几个方面：

（1）基于对学生各种已有概念的把握，通过精心创设问题情境促使学生不满足于现有的概念（形成认知冲突），从而形成明确的探究问题，调动学生思维的积极性；

（2）努力为学生提供主动寻求证据并尝试对证据进行合理解释的机会；

（3）引导学生通过交流研讨过程对各自的解释进行梳理和提炼，逐步帮助学生建构或直接介绍新概念；

（4）努力为学生提供应用和整合新概念的机会。

下面对图2的学习环做详细的介绍。

（一）提出问题

适当的问题是思维的起点和动力，提出什么样的问题和怎样提出问题是探究活动能否顺利进行的关键。因此，教师要精心创设问题情境，引发学生的认知冲突，在探查学生前概念的基础上逐步引导学生明确要研究的问题。本环节要努力达到激发学生的探究兴趣、调动学生思维积极性的目的。

在本环节中，学生的任务是：充分调动自身与问题情境相关的已有认识，努力就各种解释不清的现象提出问题，经集体努力逐步明确待研究的问题。例如，"这种现象产生的原因是什么？""对于这个问题我已经知道了什么？""关于这个问题我能发现什么？"等等。

在本环节中，教师的任务是：根据教学内容及学生的发展水平，创设一种能引起学生的好奇心，造成学生思维冲突的问题情境。问题情境不仅可以在课开始时创设，也可以在上一节课结束后为本课埋下伏笔。教师要根据学生的具体表现了解学生的已有概念，调动学生对待研究问题的兴趣。

（二）尝试解决

尝试解决是学习环的关键环节。教师要努力为学生小组提供亲自制订计划、直接参与各项收集证据活动的机会。鼓励各组学生根据收集到的证据，尝试提出自己的初步解释。

在本环节中，学生的任务是：以小组为单位，在问题限定的范围内积极思考，根据问题的特点，充分利用有关条件，主动收集和处理证据，提出初步的解释。学生的活动主要包括检验预测和假设；形成新的预测和假设；尝试不同的选择，并与其他人讨论；记录观察结果，形成观点等等。

在本环节中，教师的任务是：鼓励学生小组内的合作，除提供必需的器材、资料外，尽可能不给予直接指导。教师的主要教学行为包括在学生探究过程中进行观察和倾听；在需要时提出探究性问题，给学生的研究指明正确的方向；为学生提供思考问题的时间；给学生充当顾问等等。

（三）交流提炼

交流提炼是尝试解决环节的升华，也是学生思维外显的过程。通过生生间、师生间多样化的交流方式，就针对问题收集到的各类证据以及对证据的解释展开质疑、答辩，使问题逐步得到解决。在什么时候开始全班性的交流，怎样提炼科学的结论，要尝试解决环节的教学进展程度灵活把握。

在本环节中，学生的任务是：根据本组的研究情况，如实向全班学生描述观察到的现象，公布收集到的证据并做详细的解释。学生间可进行讨论，对不同的观点提出质疑，被质疑者可进行答辩。

在本环节中，教师的任务是：根据学生的探究过程，视所探究问题的难易程度，适时介入学生的探究过程，组织全班学生讨论，对于学生难以跨越的障碍，给予必要的启发、引导。教师的具体教学行为表现在鼓励学生用自己的语言对问题进行解释；要求学生给出解释的理由（证据）；提供科学的思维方法和解释，形成科学概念等等。

（四）有效迁移

本环节重点强调的是迁移的有效性。有效性表现在：应用新的探究成果，丰富并完善学生的已有认知体系；应用新的探究成果，解释生活中遇到的相关问题；运用新的探究成果提出新问题；应用新获得的探究方法，尝试更多内容的探究活动。迁移的有效性是判断学生是否真正理解新概念的重要标志。

在本环节中，学生的任务主要是：自觉发现新的问题，利用新获得的经验，解释生活中的相关问题，拓宽对问题的理解，发展新的能力，并将其运用到新的探究活动中。

在本环节中，教师的任务主要是：鼓励学生充分利用新获得的知识经验，对现象提出新的解释，提出新的问题，激发学生进一步研究问题的动机。

（五）适时评价

适时评价贯穿于教学的始终，并不作为一个特定的教学环节。本环节的教学任务与"5E"模式中第五个环节的教学任务相当。[4]

学生的任务是：运用观察的结果、证据和以前接受的解释提出一些开放性的问题；展示对概念或技能的理解或知识；评估自己的进步和知识；提出进一步探究的相关问题。

教师的任务是：当学生运用新的概念和技能时观察学生；观察学生已经改变了的思维和行为的证据；允许学生评价他们自己的学习和过程性技能；问一些开放性的问题，如"你是怎么想的？""你有什么证据？""对于这个你知道些什么？""你如何解释？"等等。

二、引导科学思维的基本方法

思维贯穿于科学学习的始终，引导学生用科学的思维方法解决具体的实际问题是促进学生思维发展的必要保障。分析、综合、比较、分类、抽象、概括、推理、类比等思维方法要结合具体教学内容有重点地引导培养。

在科学研究过程中，"为了探索和揭示事物的本质和规律，必须根据研究对象和问题的特点，从我们所考察的角度出发，撇开问题中个别的、非本质的因素，抽出主要的、本质的因素加以考察研究，并把一类事物共同、本质的属性联合起来，从而建立起一个轮廓清晰、主题突出、易于研究的新形象、新过程或者形成新的概念，这种方法称为抽象与概括的方法。"[5] 从科学教学的实际考虑，凡是以认识某类事物的共同特征、建立科学概念为核心教学活动的课都要经历抽象和概括的过程；凡是以认识某种（类）事物的变化规律、原因为核心教学活动的课都要经历概括的过程。因此，抽象与概括对于科学观念的形成具有非常重要的作用。抽象概括是思维过程中的较高层次，从总体上看，它是在对感性认识的分析、比较基础上，通过抽象与概括的动作完成的，在抽象概括的过程中，要运用分析、综合、比较、分类等基本思维方法。有时，抽象与概括常常又是进行推理、类比的基础。

根据课堂教学的实际及教材内容的特点，可将抽象概括的过程分解为如下四个不同的层次。

（一）在感知的基础上分析

"要从整体上认识科学事物的本质属性及其发展规律，必须分析各组成要素的性质、特点，在整体中的地位及它们之间的相互作用。"[6]小学生概括能力的发展，逐渐从对事物外部的感性特点的概括转为对本质属性的概括。小学生的概括，往往既有主要的特点，又有次要的特点；既有本质的属性，又有非本质的属性；相互交织在一起。因此，教师要根据概括的目的，引导学生对具体事物进行分析，突出事物的关键属性，以利于学生的抽象概括。

一般来说，对于果实、茎、花、鱼、鸟等这些学生日常已有所了解的科学概念的学习，可先让学生通过观察尝试寻找某类事物的共同特征，在尝试失败的情况下，再引导学生用分析的方法研究某类事物中具体事物的关键属性。例如：当学生很难从外部找到果实的共同特征时，建议学生实际解剖几种典型的果实，观察果实的内部结构。对于像哺乳动物、两栖动物、爬行动物、昆虫、金属这些比上述概念更上位一些的科学概念，学生对它们的了解程度有所不同，有的了解得多一些，有些并不了解。这时，教师可指导学生对有所了解的概念进行学习，分析这类概念中的个体所具有的共同属性，然后再举一反三，引导学生学习其他概念。例如，明确了从哪些方面认识哺乳动物的共同特征，学生就有可能知道该从何处入手来思考鸟或鱼的共同特征。

在已有的感知基础上对具体事物进行分析，目的在于深入认识这些具体事物的不同属性，尤其是关键属性，为此后的比较、抽象和概括积累足够的有价值的感性经验。

（二）在分析的基础上比较

比较是贯穿整个思维过程的基本方法，是分类、抽象、概括、推理的基础。通过分析（同样需要比较）的过程，事物的众多属性得以显现，为比较提供了可能。此时比较的任务是找出表面上差异极大的事物之间的本质上的共同点，找出表面上极为相似的事物之间在本质上的差异点，从而将同类事物的共同属性从各种属性中区分出来。在科学教学中常用的比较方式有如下两种。

1. 单一属性的比较

这种比较方式便于学生尽快找到与概括目的密切相关的共同属性。在运用这种方式时应首先选择典型、特征明显的事物进行比较，强化对同类事物相同属性的感知。例如，比较茎的共同特征时，先选择特征明显的竹的茎，让学生通过观察产生竹的茎有节的印象，然后再与其他植物的茎比较，看是否也有节。再如，认识水的浮力时，先让学生做做在水中按泡沫块的实验，谈谈感觉，然后再让学生用其他物体实验，比较有什么相同的感觉。不难看出，这种比较方式的功利性太强，基本不存在学生思维发展的空间。

2. 综合属性的比较

这种比较方式便于学生从不同角度把握事物的共同属性，减少片面性。综合属性的比较，一般采用从不同到相同，从突出到隐蔽，从具体到抽象，从个体到类别的原则进行。

例如，就几种昆虫的比较来说，可以先找特征最明显的两种昆虫做比较，如蚂蚁和蜜蜂。比较时先要找到这两种昆虫的不同之处，如大小、颜色、有无翅膀等，再比较这两种昆虫有什么共同之处，如身体都分为三部分，胸部都长着三对足等。此后，再让学生将蚂蚁和蜜蜂与其他昆虫比较，看有哪些不同点和相同点。待真正建立昆虫概念后，还可以进一步让学生比较不同昆虫除外形以外的相同点和不同点，昆虫与其他类动物的相同与不同。

（三）在比较的基础上抽象

教学实践表明，抽象动作同样是在比较的过程中逐步完成的，与上一环节往往呈交叉状态。为研究方便，我们可将抽象动作的完成分为典型引路式、异类比较式、反差对比式、强化感知式等不同的方式。[7]如典型引路式，其特点是，在对同类事物的比较过程中，通过对典型事例的剖析来引导学生的思维，及时提供与抽象有关的概念，这在同类事物单一本质属性的抽象时较为常见。例如，解剖苹果和梨时及时提供果皮和种子的概念，然后再与其他果实进行比较。这样，就便于学生将"有果皮和种子"作为果实的本质属性抽取出来。值得注意的是，不管采取哪些方式完成抽象的动作，都离不开学生的研讨。

（四）在抽象的基础上概括

概括是形成概念，发现规律的关键步骤，只有经过概括的过程，所获得的认识才真正属于理性认识。概括动作的完成一般要经过综合、归类、概括三个阶段。

1. 综合。如对于哺乳动物，就要在抽象的基础上综合：猴、牛、猫、狮子的身体表面都有毛，都是胎生、哺乳。它们是同一类动物，叫"哺乳动物"。

2. 归类。建立类的概念后，要将同类具体事物的本质属性推广到全类事物，这就要用到归纳推理的形式来概括同类现象的本质属性，发现规律。

3. 概括。例如，对哺乳动物的共同特征既可概括为：凡是身体表面有毛、胎生、哺乳的动物都是哺乳动物；也可概括为：哺乳动物就是身体表面有毛，胎生、哺乳的动物。

分析—比较—抽象—概括是引导学生抽象概括的一般过程。实际的教学过程不可能完全沿着这个步骤线性进行，教师应根据教学总体思路灵活运用。

三、关注有助思维发展的教学细节

追求促进学生思维发展的课堂，不仅要在宏观上设计好基本的科学教学程序；在中观层面考虑如何针对具体核心教学活动引导学生科学思维的方法；也要在微观层面关注有助于学生思维发展的教学细节。

（一）用前后贯通的问题激发学生的思维

当学生的认知结构不能判断、解释外界事物时，就会产生问题。问题不仅是思维的产物，更能激发学生的思维热情。教师可以围绕核心问题设计不同类型的子问题，使所有问题成为一个有条不紊、前后贯通的整体系统，从不同的认知层次引导学生进行思维，逐步达成对核心问题的共识。

例如，围绕"声音是怎样产生的"这一核心问题，教师可以根据教学的进程提出若干子问题，如下表所示。

表　核心问题"声音是怎样产生的"的子问题

问题表述	问题类型	意图
（教师敲音叉）音叉是怎样发声的	评价型	了解学生对发声现象的理解情况
（学生活动后）敲音叉时，你有什么发现	事实型	正确描述观察到的现象，希望学生初步发现音叉发声与振动的关系
音叉是怎样"动"的	理解型	学生描述音叉的运动方式，指向振动概念的建立
你能让音叉迅速停止发声吗？为什么	应用型	强化学生对声音产生与振动之间关系的理解。
音叉是怎样发声的？	理解型	明确音叉的发声源于振动
还有哪些物体也像音叉那样发声？	应用型	列举生活中振动发声的物体
通过典型实验，实证物体振动产生声音		
声音是怎样产生的？	理解型	基于归纳推理，建构科学概念

理想的课堂总是会按照"问题—思维—问题—思维"的程序交替进行。每一个问题引起一个思维的波浪，每一个思维波浪又推拥出一个或几个新的问题，从而逐渐达到教学高潮。

（二）用科学记录单支持学生的思维活动

在科学探究活动中总少不了科学记录单的使用，有些探究活动可以完全让学生自己设计并使用科学记录单，但也有一些难度偏大的问题可由教师精心为学生设计记录单。如图3所示的记录单组合，是不是可以支持学生的思维活动？

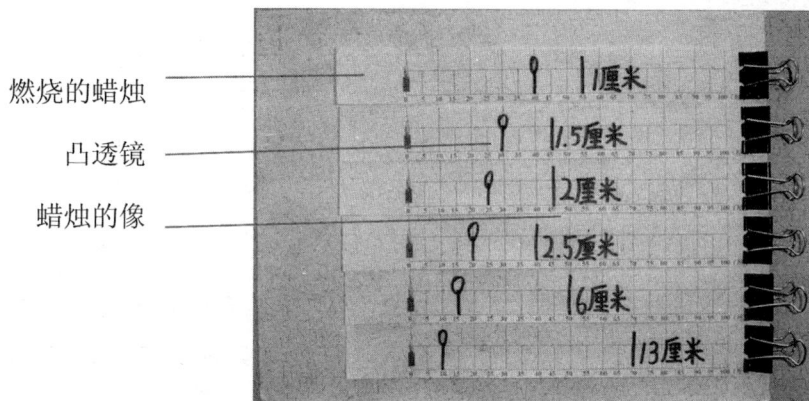

图3　学生在纸板上整理凸透镜成像实验科学记录单

思维贯穿于教学的始终，教学中的很多细节都可能对学生的思维活动产生或正面或负面的影响，这里不再——列举。

追求促进学生思维发展的课堂，就是要基于对学情和教学内容的把握，灵活调整课堂教学的基本程序，有侧重地引导学生的科学思维方法，借助多样的教学方式手段促进学生的思维自主而有序地展开，从而达到发展学生核心素养的目的。

参考文献：

［1］中国学生发展核心素养课题组．中国学生发展核心素养．（中国教育新闻网 http：//www. jyb. cn/）

［2］教育部 义务教育小学科学课程标准（P9）2017. 02 教育部网站 http：//www. moe. gov. cn/

［3］李伟臣，邹秋菊．自然课"自主探究"教学模式初探［J］．教学仪器与实验，2002，X2：3 - 5.

［5］［6］胡卫平．科学思维培育学［M］．北京：科学出版社，2004：37 - 39

［4］吴成军 张敏 美国生物学"5E"教学模式的内涵、实例及其本质特征 课程教材教法 2010，06：108 - 112

［7］李伟臣．把握中段教材特点 培养抽象概括能力［J］．四川教育，1998，04：37 - 38.

本文系中国教育学会科学教育分会 2015 年度全国科学教育规划课题立项项目"基于科学实验促进学生思维发展的案例研究"阶段性研究成果。

例谈促进学生思维发展的科学课堂

——以《流动的空气》一课为例

北京市朝阳区实验小学密云学校　杨洋

本文 2017 年 9 月发表在《中小学教材教学》第 9 期"名师开讲"专栏

摘　要：立足科学课堂，促进学生思维发展是科学教育的重要课题。《流动的空气》一课中的主要科学概念为"自然界风的成因"。在引导学生建构概念过程中，运用科学思维的基本方法，促进学生思维能力和科学概念得到发展。

关键词：小学科学；思维发展；概念建构

小学科学课教学中众多的科学概念学习，同样需要教师有效唤起学生相关旧知识，①并运用各种观察实践活动等创设新旧知识的联系平台，通过引导学生思维加工，最终形成新的科学概念。

一、分析新概念特点，厘清学习思维类型

《流动的空气》一课中，学生需要建构的科学概念是"自然界风的成因：自然界的风是由于热空气上升，冷空气流过来补充而形成的"。课文中有一段具体的描述："自然界的风是空气有冷热差别的条件下形成的。当两地冷热不同时，热地方的热空气就会上升，这样，冷地方的冷空气会向热地方流动，补充热空气上升后留下的空间，于是就形成了风。"通过

分析可以感受到，此概念具有隐蔽性（空气流动不易见）、复杂性（涉及温差、气压差、空气流动等多项观察指标）、抽象概括性（根据多种外在事物表现推理想象成因）等特点。学生学习此概念时，不仅需要使用形象思维（观察实验等），同时也需要使用抽象逻辑思维（分析讨论等）。涉及的思维方法有分析与综合、抽象与概括、归纳与演绎等。

分析"自然界里的风是由于热空气上升，冷空气流过来补充而形成的"这一概念，根据学生实际，我们将概念分为了两个层次：首先学生需要明确"空气的流动形成风"；其次，通过模拟实验明确"空气有冷热差别才会流动"。力求通过这样的阶梯式学习，帮助学生最终形成完整的概念。

二、基于学生思维的教学过程分析

基于以上对科学概念的分析以及考虑到学生（9岁左右）认知特点，我们在课堂教学中设计了一个个循序渐进的探究活动、清晰的分析讨论等环节，力求引导学生在生动活泼而又不失思维参与的学习活动基础上建构科学概念。

（一）创设问题情境，明确研究的问题

我们知道，新知识对于学习者来说是外在的，而对新知识的理解要以一定的旧知识（经验）为基础。将新知识与已有经验相联系是思维的第一步。为此，不仅需要明确新知识与学生已有经验是同化还是顺应，更应该明确新旧知识之间的差距。并依据"差异"由教师循序渐进地铺路搭桥，为学生创设"最近发展区"。

1. 唤起经验，丰富表象

为此，课堂起始，为了唤起学生的已有经验，教师安排学生交流："同学们，刮风的时候，有什么现象？"同时根据学生汇报，利用多媒体出示相关图片。

同学们通过与同伴的交流以及观看图片，很快将思维聚焦到刮风时的现象上，如：刮风时，感觉凉；有风的时候，顶风走不动；有风的时候，烟、红旗、树叶等轻小物体会动起来……

此时，学生的头脑中已经充满了关于风的各种自然现象的记忆，而这些记忆将成为他们进一步学习的基础。老师适时出示的图片，不仅符合学生直观思维占主导的年龄特征，同时更为那些缺少相关体验的学生弥补了认知。

2. 新旧联系，思考问题"风是什么"

在学生头脑中有了丰富的自然界起风时的现象后，教师没有急于提出新问题，而是设计了一个"制造风"的活动。请学生利用身边的物体，制造风。学生有的用报告册扇动，有的用嘴吹，还有的同学想到电风扇也能制造风……接着，我又引导学生观察：检验自己是否成功制造风的标志是什么？学生们想到：拿着报告册对着同学扇动，同学的脸上不仅感觉有凉意，同时，他的头发也动了；再如，用嘴吹，同学的红领巾被吹动了……

"同学们，我们不仅谈了自然界刮风时的现象，又亲自制造了风，那么，请你们想一想，风是什么？"

这个问题的抛出，其实是引导学生对感性经验进行思维加工的过程，学生需要在头脑中将刚刚自己制造风的现象与自然界起风时的现象相比较，从自己制造风的方法中去寻找答案，当然，如果学生无法进行抽象概括，教师可以借助以下提问"你们看，物体动了是受到力的作用才动的，那么这个力能够靠谁来承载呢？""在你的报告册和同学的头发之间有什么是可以承载这个力的？"由于学生之前学习过"空气"，再有感受到从嘴里吹出来的"气"，学生很容易想到：风就是流动的空气！这样，在充分感知基础上，学生完成了新概念的第一个层次："空气流动形成风"。

3. 引发认知冲突，形成探究问题"大自然中的风是怎样形成的"

教学仅仅激活学生的已有知识是不够的，而是要让学生意识到已有知识与新知识之间的矛盾和冲突，即发生认知冲突，从而能使学习者有意识地进行自我调控学习，避免已有知识对学习的干扰。④

当学生根据已有经验与观察活动清楚地认识到"空气流动形成风"这一层次的概念后，教师引导学生思考："同学们，我们刚刚用嘴吹能够制造风，那么，大自然中的风是怎样产生的？"……"是有人用嘴吹的吗？""如果没有风婆婆在扇扇子，那么大自然里的空气是怎样流动起来的？"

图1　风的形成演示箱

（二）模拟实验，尝试解决问题

"大自然中的风是怎样产生的"这一问题的提出，促进了学生的认知冲突。在学生迷茫的时候，教师出示模拟箱。在介绍实验箱的各部分名称后，教师神秘地对学生说："你们看，利用这个实验箱（图1），我不用嘴吹，不用扇扇子，就能制造出风来！"接下来，教师进行了演示：首先不点燃实验箱内的蜡烛，请同学们观察实验箱外冒出的烟如何流动，此时，冒出的烟朝向上方，教师小声地问孩子们："有风来了吗？"学生异口同声地说"肯定没有！"接着，我将实验箱内的蜡烛点燃，紧接着就问："有风吗？"学生观察到烟依然是朝上，于是肯定地说："没有风啊！""同学们请仔细看哦！"这时，冒出的烟，已经慢慢地流进实验箱里了，又从实验箱上方的管道流出去了。"太奇妙了，这是怎么回事？"当学生的好奇心被大大调动起来后，教师请学生自己也来试试这个实验，看看，能不能找到奥秘。

学生通过亲自试验，获得了大量感性经验。他们发现，将蜡烛熄灭，烟就朝上直着飞，再点燃，过一段时间后，冒的烟会顺着管道钻进实验箱内，反复几次，都是如此；有的同学用手在实验箱上方的管道口试了试，发现是热的；还有的同学尝试将实验箱左侧的管道口堵住，发现本来燃烧的蜡烛，竟然要慢慢熄灭；发现，点燃蜡烛后，上方管口处的小风扇会慢慢转起来……这些经验的取得，为接下来的分析讨论提供了丰富的思维材料。

（三）交流提炼，形成概念

1. 分析实验现象

由于实验涉及的变量较多，在接下来的讨论交流中，教师主要引导学生将实验分成几组对照组，一一比较实验现象并进行思考：

分组一：蜡烛点燃，上方管口处的风扇转动

蜡烛熄灭，上方管口处的风扇不转动

学生根据之前学习的"热空气会上升"的经验可以得出，蜡烛点燃，热空气上升带动风车转动，否则不然。

分组二：蜡烛点燃，烟钻进实验箱，

蜡烛熄灭，烟向上飘，

通过比较发现，烟的流动方向发生变化，说明空气流动的方向发生变化，而让空气流动发生变化的主要原因是实验箱内的蜡烛是否燃烧。

分组三：左侧管口不堵，蜡烛燃烧

左侧管口堵住，蜡烛慢慢熄灭

通过分析可以知道，蜡烛燃烧促使实验箱内空气变热向上流动，如果左侧通道被堵，没有冷空气补充，蜡烛会灭。

进而再对上述经验进行抽象概括，学生最终认识到，蜡烛将箱内的空气加热，热空气上升腾出空间，箱外的冷空气就会过来补充，冷空气的流动就形成了风。而这样的解释，能够反过来解释刚刚学生的种种发现，如：热空气上升，导致上方管口处是热的……

2. 归纳共同特征，认识风的成因

在学生的认识达到这个层次后，教师并没有急于揭示本课的科学概念。考虑到上述实验中"风的形成模拟箱"只提供了一个事实，对于建构概念显得太单薄。于是，教师又增加了如下的演示实验。

在一个有盖的大型玻璃缸中，一边放盛有不冒气的热水托盘（当然如果是大瓦数的灯泡就更好了），一边放盛有冰块的托盘，这样制造冷热不同的环境，然后，为了让学生看清玻璃缸内是否有空气流动，教师点燃香，从盖子上的一个小孔伸进玻璃缸内（如图2）。结果很明显，可以清楚地看到烟从热水上方流向冷水上方，下降后，从底部又流向热水一方，在实验箱内循环流动。

图2 玻璃缸实验

比较这个实验与上一个实验可以看出，两个实验既有相同又有不同。相同的是，都有冷热差别，空气都在流动；不同的是，制造冷热差别的方法不同，第二个实验更接近于自然环境，没有了固定管道。正是这些相同与这一点点的不同，为学生概念的正向迁移奠定了基础。

学生通过分析玻璃缸的实验能够得出更为夯实的新概念：空气在有冷热差别的条件下，能够流动。热地方的热空气上升，冷地方的冷空气会来补充。于是，就形成了风。

回顾学生经历的这三个实践活动：

（1）"制造风"活动，让学生明白了"风就是流动的空气"；

（2）"风的形成"模拟实验，让学生真正认识到空气在有冷热差别的条件下能够自行流动，在"制造风"活动基础上，区分了人为让空气流动和空气自行流动的差别；

（3）"玻璃缸实验"，通过与"演示箱实验"的互补，更让学生确信空气在冷热差别下能够流动，为认识自然界的风是怎样形成的奠定了基础。

层次清楚、循序渐进的三个实践活动，以及三次恰到好处的分析讨论活动，不仅丰富了学生头脑中的感性认识，帮助学生建立新旧知识的联系，同时，通过分析、比较、概括等思维方法，将形象思维与抽象思维相互结合，有效地促进了学生的学习思维过程。

（四）运用迁移，形成新知，思维外化

迁移体现了已经获得的内容对新学习内容所产生的一种影响。学习者基本上都是基于已知去理解和建构新知的，因此迁移是学习的实质。将应用迁移作为学生学习科学概念的基本环节，可以提供机会让学生自我检测概念学习的质量，自我判断是否理解、如何修正完善所学的概念，从而充分发挥学生元认知的自我调控能力，促进学生提高学习能力。⑥

当学生清晰建立了"空气在有冷热差别的条件下会流动"的新知识后，怎样让他们将视野扩展到自然界，进行正向迁移呢？

教师引导学生观察教室外或操场上，请他们根据日常经验分析："在向阳处和背阴处，温度会有差别吗？"答案显而易见。在此基础上，引导学生再将视野拓展，出示同一时间地球上不同地区的温度数值，在上述资料的基础上，让学生推想"自然界风的成因"。并在小组内交流，进而在全班交流。在学生对新概念已基本掌握后，教师向学生介绍"海陆风"，请学生尝试进行解释，以此检验学生获得的概念。

在上述活动中，引导学生在不同范围、不同情境中寻找"冷热差别"，逐一利用掌握的"空气在冷热差别的条件下能够流动的"的知识来进行解释。这样，新概念在一次次的语言交流中得以运用，学生的思维也获得了外显与巩固的机会。

教师在本课中分析了科学概念的特点以及学生的学习思维过程，利用一个个逐层递进的探究活动，使学生获取丰富的思维材料，运用多种思维方法进行概念建构。通过将科学思维与科学概念的学习二者有机结合，在本节课上，学生科学概念的获得显得水到渠成。

参考文献：

①温寒江. 陈爱苾. 让青少年智力得到最佳发展. 北京科学技术出版

社 . 2006 年：122

②《科学》第 2 册 . 首都师范大学出版社 . 2009 年：19

③林静 . 全球教育展望 . 北京师范大学 2009.10：31 – 35.

本文系中国教育学会科学教育分会 2015 年度全国科学教育规划课题立项项目"基于科学实验促进学生思维发展的案例研究"阶段性研究成果。

有效发挥 Ipad 优势，全面提高美术欣赏课实效

——以课题《四季》为例

密云区教师研修学院小学美术研修员　吴小利

密云区第四小学　王婷婷

本文发表于中华人民共和国教育部主管中国信息技术教育 2017 年第 1 期

【内容摘要】在传统的小学美术欣赏课教学中，学生往往面对的是教材和教师课件中的图片，教学形式单一，很容易上得枯燥无趣。Ipad 的出现为美术欣赏课教学模式的转变提供了一种新的可能性。那么，如何将 ipad 这一载体与小学美术欣赏课结合，突破常规教学手段，全面提高美术欣赏课的实效性，是我们新时代的每位美术教师应当思考的问题。

【关键词】Ipad　小学美术欣赏课　四季

随着时代的发展，ipad 平板电脑已经进入中小学的课堂。Ipad 的运用，学生参与度高，课堂上学生可以根据自己的需要自主学习，充分激发了学生的学习兴趣，提高了教学效率。ipad 正在以其独特的先进性发挥着不可比拟的作用。

课题《四季》发掘 Ipad 中的巨大优势，从题材出发进行教学设计，让每一位学生都能够积极地参与其中，有效辅助美术欣赏课的教学。下面就以课题《四季》为例，探讨如何以学生为主体，把 Ipad 平板电脑合理地运用在一节课中的各个环节，以提高小学美术欣赏课的实效性。

一、善用 Ipad，学生成为自然之美的发现者

艺术源于生活，是对生活的艺术化。大自然是艺术家们描绘四季时创作的源头和灵感。

在课题《四季》的课前展示环节，一位同学与大家分享了自己小组同学完成的小视频，让同学们伴随着轻缓的音乐欣赏到了大自然中四季的美景，很多的同学都深深地陶醉其中。而学生展示的内容就是教师在课前布置学生运用自己了解的拍照、上网等 Ipad 中最基本的一些功能所收集的四季图片。接下来，老师用一句"你能用一个词来形容自己喜欢的季节吗？"，学生根据自己的体会直接说出了"生机勃勃"、"春暖花开"、"绿树成荫"、"秋高气爽"、"大雪纷飞"等描述性的词语，教师引导学生用自己的语言表达感受，而不是直接给予，同时也为本节课做好了铺垫，引出课题。

通过利用 Ipad，学生像艺术家们一样从大自然和图片中寻找美。这既锻炼了学生的信息收集能力，又让学生感受到了真实的四季之美，成为大自然中美的发现者。

二、活用 Ipad，学生成为美术作品的评论者

《美术课程标准》指出，"欣赏·评述"这一学习领域注重通过感受、欣赏和表达等活动方式，内化知识，形成审美心理结构。

纸质的美术教材往往能够提供的欣赏资料相对较少，并且图片偏小，不够清晰。Ipad 的屏幕的显示效果更加清晰，并可以随时对作品进行放大缩小，这些优势能够让每一位学生更近距离地去感受作品、欣赏作品。

在课题《四季》的学习欣赏方法环节，教师首先以春天的儿童画作品为例，引导学生从已有的知识基础上梳理出构图、色彩、线条等美术语言，然后学生运用自己手中的 Ipad 结合美术语言赏析画家笔下的六幅春天美术作品。人手一个 Ipad 让每位学生手指轻轻一点，就能够清晰地欣赏到

古今中外的作品。学生既可以进行整体比较感受作品的不同，也可以进一步选择自己喜欢的作品运用放大功能对作品的局部进行重点赏析。例如，学生在对比欣赏汪钰元的《春》和吴冠中的《春如线》（图1）时，自如地选择一幅作品放大到合适的位置运用美术语言进行讲

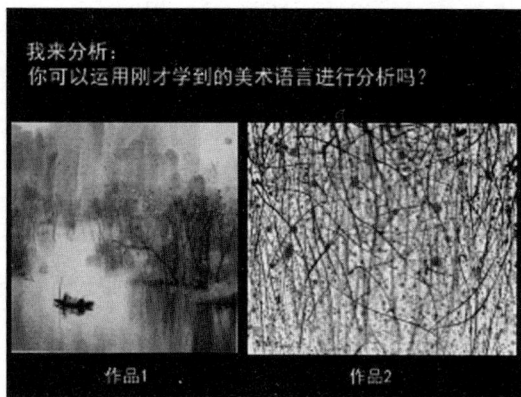

图1　作品1《春》和作品2《春如线》

解，已然成为一名小小的讲解员。在重点讲解吴冠中的中国画作品《春如线》时，有的同学感觉作品有些乱，但是乱中有序，再放大后，会清晰地发现很多丰富的色彩，给人生机勃勃的感觉。教师再结合学生对作品的整体感受，升华到画家的情感，强调在欣赏美术作品的时候不仅要从美术语言的角度进行分析，更要体会画家当时的情感。在接下来欣赏其他季节美术作品的环节，Ipad 中春夏秋冬每个季节的展厅都展示了四幅画家的作品，学生举一反三，以小组为单位自主选择自己喜欢的季节和作品进行讨论。

Ipad 在课堂中的灵活运用，让学生在相互的交流与碰撞中活跃思维、丰富情感，同时又生成了光线、细节等新的美术语言和欣赏角度，汇报得更加专业，俨然已成为一名小小的艺术评论员。

三、妙用 Ipad，学生成为网上展开的体验者

参观美术展览是学生进行美术学习的一种有效的艺术实践活动，也是新时期美术教学多样化的体现。

本课中，教师利用 ipad 中的阅读工具 IBooks（图2），共设置了春、夏、秋、冬四个展厅（图3），营造出网上美术馆的情境，网上美术馆的

陈设就像真实美术馆的再现（图4）。每个展厅选取的作品都是符合学生认知的四季代表性作品，风格多样，对比明显。每幅作品下面配有序号、国家、作者、作品名称、绘画种类等简单的作品信息。学生可以自主选择进入相应展厅进行欣赏，为学生欣赏能力的培养搭建了自主学习的平台。

图2 阅读工具 IBooks

虽然是在教室上课，却在有限的时间内能够身临其境般地参观作品，使得美术欣赏的课堂不再局限于教材书本，而是走向学习多元化和多种资源的有效利用。

图3 春、夏、秋、冬四个展厅设置

在课题《四季》赏析画家笔下四季美术作品的环节，展览厅特别的布置，浓郁的艺术氛围极大地激发了学生的学习兴趣，感染到了每一位学生。学生在美术展览厅的氛围中，了解并体验网上美术馆这种更便捷、更现代的

图4 夏天作品的展厅

美术学习方式，开阔了眼界，使得美术学习不再是被动地听取和接受，而是主动的与艺术作品"对话"。

结合美术欣赏课的特点对于Ipad的使用，完全改变了传统美术欣赏教学枯燥单一的教学模式，让教材的形式产生变化的同时，也使学生构建了一种新的学习方式，成为网上美术馆里的体验者。

四、巧用 ipad，学生成为房间装饰的设计者

艺术源于生活，又回归于生活。四季是人们在美化生活时喜闻乐见的题材，与我们的生活有着紧密的联系。

在课题《四季》最后的拓展环节，教师组织学生运用Ipad中的探究工具 Explain Everything（图5），通过拖拽拼贴作的功能，在欣赏美术作品的基础上进行再创造，短短几分钟的时间就制作出一幅用美术作品装饰房间的效果图（图6）。再

图5 探究工具 Explain Everything

通过运用Ipad控制中心的投屏功能向大家展示自己设计的效果图，并进行自评与他评，领略成功的喜悦与不足。

图 6　学生制作的房间装饰效果图

对 Ipad 中探究工具的巧妙使用，让学生能够轻松地完成一幅设计效果图，不仅建立起用绘画美化环境与生活的信心，而且逐步形成关注生活、热爱生活的情感。而这时候学生的身份又转换成为一名名副其实的小小设计师。

总而言之，Ipad 进入课堂为小学美术欣赏课教学模式的转变提供了契机，使得课堂教学更加直观、生动，让学生能够在多元环境和多重角色下去学会发现美、欣赏美、感受美和创造美，有效提高了教学效果。

参考文献：

[1] 杨涛.试论建构主义理论指导下的美术欣赏课.教学理论与实践.第 24 卷（2004 年）第 6 期

[2] 程少华.基于 ipad 的教学改革初探.教学月刊·中学版.教学管理 2012 年第 1 期

[3] 解立军.浅谈如何上好小学美术欣赏课.现代交际.2016 年 3 月

Scratch 编程课中关于学生有效反馈的探究

密云区季庄小学　　孙立娟

密云区第四小学　　王东芳

2018 年 7 月发表在中国教育技术学会会刊《E 教中国》

第 5629 期 C4 版刊用，国内统一刊号：CN32 – 0019

摘　要： 从最初尝试 Scratch 教学，到开始结合理论知识，朝着培养学生信息素养的方向设计课程，我做了很多的反思和实践。结合我设计的《迷宫游戏》、《直升机游戏之初学变量》等课程，我对课堂中的反馈环节有了深刻的思考。虽然只在一个年级四个班中开设 Scratch 课程，但不同的班情、不同的设计，一次次的修改和完善，使我越来越意识到：反馈是推进课堂进程的重要助力，反馈的质量影响着学生的思维拓展和实际收获，对培养学生的信息素养有着重要的作用。本文依据在 Scratch 教学中的实践和反思，从班情、评价、任务、语言和思维五方面，对有效反馈做了简略的总结，希望能对同样是 Scratch 教学的同仁们有所借鉴。

关键词： 反馈，Scratch，思维

信息素养中所包含的计算思维提倡学生求异性和算法的多样化。Scratch 编程课是思维训练的课程，借助简单、易懂的模块，实现孩子们的游戏梦，又对学生思维的发展有潜移默化的助力作用。所以我觉得在设计

教学中，可以借助学生的反馈，探测学生思维的导向和深度，把握课堂主线，掌控教学节奏，提高课堂实效性。为此，研究反馈就成了我现阶段的课题。现就目前的经验和反思，做一简要总结：

（一）依据班情设计反馈

学生是课堂的主体，所以考虑学生的学情则是顺理成章的事情。以班级为单位授课，就要考虑班情。在实践教学中，我注意观察不同班级的特点，以自己目前的经验和能力，将我所教的班级学情大致分成了三种。

1. 积极活跃型

这类班级的特点是：性格活泼，思维活跃，非常乐于探究，而且能形成良好的师生互动氛围。这样的班级非常适于具有挑战性的课，在环节的过渡，关键性的引导上，精简明确，更容易引起学生的兴致和挑战欲，效果更好。缺点是，在课堂走向以及节奏的把控上，教师要掌握好，不能太松，也不能太紧。给学生一定的空间，但要适时将学生从跑偏的课题上拉回到主线上来。

我在执教《迷宫游戏》一课时，为了帮助学生理解程序设计的方法，将过程分为三个简单易懂的步骤：程序目标、角色设计、编辑和运行脚本。但我并没有将概念词汇直接灌输给学生。在导入环节，我为学生展示了一个迷宫图。学生思维活跃，沉浸在自己设计的迷宫游戏中。学生创新力足够，但更多的是天马行空，以自己的能力水平并不能完成，更不知如何下手。我鼓励学生的创新，然后从他们的描述中逐步提炼出游戏的设计都离不开程序的目标，即成功和失败两种情况。紧接着是角色的控制，最后才能编写、运行脚本。依据学生的反馈，让他们带着学习的兴趣渐渐回到课堂的主线上来。

2. 基础较差型

学生两极分化比较严重，少数学生能够跟上教师的讲课步伐，整体基础水平较低。学生不能适应于较复杂、应用性过强的任务，讲解尽量要简洁清楚。所以为了使反馈更加有效，在布置任务时，一定要明朗清晰。学生在反馈演示时，也要刻意训练其边说边演示的习惯，用多种感官逐步训练学生的思维，也能使其他学生更多的接收到信息。

3. 性格乖巧型

学生听课习惯规矩有序，但不善表达，课堂气氛比较沉闷。需要教师给出更多的放松空间，调动课堂的氛围，让学生多说多做多表达。部分学生并不是不会，而是不愿意说。课堂中，应采取多种多样的形式来活跃课堂气氛，比如互动白板，学习任务单，或者是手势等等这样的方式，都可以提升学生的参与度。这样的班级可以依据其特点来创设更加新颖的编程课堂，思维的建设不见得非要用语言或作品表现出来，用行为同样可以。如我所教的五 3 班学生，他们非常擅长学生之间的互动，组与组之间的互动。

（二）多元评价促进反馈

1. 评价单位

编程课中，有时会遇到一种情况：老师虽然是以小组布置的任务，但组内没有一个人探索出结果来。光靠老师的个别辅导不切实际，为此我就会根据情况，让学生跨组互助。比如以列为单位，每一列有 10 个学生，至少会有 2 至 3 个人完成任务。虽不在一个组，但当老师提出互助要求时，时而的新鲜配组也会让学生乐此不疲。

2. 评价形式

评价的形式也可以是多样的，本课中对个人我采取奖票激励策略，小组的评价我采用的是互动白板。本课中小组的评价主要为了连接两个任务，利用白板展示各组完成情况，并领取下一个学习任务。有了这个小环节，让学生既有新鲜感，也促使各组之间形成一种良性竞争，使反馈更有效率。

（三）巧设任务适度反馈

我们通常利用反馈解决本课的重点，但过度的反馈，必定会影响学生的吸收。编程课一定是思维不断深入的课，从表象到内在，从知识到应用，每一个阶段的提升，都需要教师的引导。所以每一阶段的反馈都要慎重，有明确的目的，解决学生什么样的问题，对于下一阶段的学习又有哪些铺垫等等。

"直升机游戏"一课中，我围绕任务主要进行了三次反馈，其目的分别是新知探索，实践应用和经验交流。每一次在布置任务时，任务的量和度都要精心设计，布置任务的方式更要适用于任务特点。

（四）揣摩语言引导反馈

小学生有其年龄特点，编程课又有其过于严谨的特点。让学生将自己的思想表达出来，语言就是一个重要途径。有些时候我们过于想要学生说出我们想要的，是知识？方法？亦或是本课的难点？反而学生却不知道该怎么说。不如我们就站在学生的角度：倘使我做了这样一个作品，或者遇到这样一个问题，老师要怎么问的时候我才会说出来，或者知道该怎么说。

曾经我上课时，最后的作品展评阶段，我问学生："你的作品中你觉得你哪个语句用的最好？"（我想让他说出本节课的重点语句）他语塞着，看着我。我顿时发现可能表达有问题了。马上转换一下语言，我问他："你觉得你的游戏中哪部分设计得最好？想和大家分享？"学生马上滔滔不绝起来，说到了自己的游戏设计，说到了所用的语句。

（五）转变思维理解反馈

有人说：编程课并不是适用于所有学生，因为它要求学生的逻辑缜密性非常强。最初的我也这么认为，但这并不影响我想让全班学生都完成本节课的作品。从最初的较劲到现在的释然，我发现计算思维的培养，不是靠一个作品体现的。

我现在的编程课堂中，有的学生不止完成了本节课的任务，更加入了自己的想法，作品新颖、独特，当堂课的重难点可以很好的掌握。还有部分学生在别人的帮助下才勉强完成了作品。但我觉得在教学过程当中，不断渗入的思想才是重要的。我们把这个任务当做我们平常生活中遇到的问题，遇到问题就要从根源上解决问题，不只要找到解决的方法，更要提升自己解决任何问题的能力。这样看来，每位学生在这堂课当中都在尝试解决问题，他们会用简单或繁复的方法解决，解决到什么程度都不尽相同。而我们要做的，就是鼓励他们的尝试。反馈在师生和生生的互动中，反馈在作品展示时的自信与满足中，反馈也在接受与给予的言语中，而编程的思想也在缓慢而无声的流入他们脑中。

借助 Scratch 编程这样一个平台，使我有了更多关于编程课堂的疑惑，在反馈中我不断找寻，探索反馈的形式，研究反馈的方法，促进反馈的效率，也在记录这个过程当中的点点滴滴。希望自己会像学生那样，带着兴趣和创新的精神，去学习、探索，和学生们一起努力进步。

ipad 让英语课堂更有延展性

密云区太师屯镇中心小学　冯小敏

本文 2017 年 12 月发表于《E 教中国》6 技术前沿

内容提要：ipad 融入英语课堂，提高了学生的学习兴趣，让情境训练更真实，让学生的学习更主动，让评价体系更有效，极大地提高了教学的实效性。ipad 充分发挥了学生学习的主体性，最大化地调动了学生学习的积极主动性，学生变得爱学、乐学，同时，因材施教也有了更好的可操作性。iPad 教学让我们的课堂更有延展性，课堂学习更高效了。

主题词：ipad　兴趣　更真实　更主动

正文：

随着科技的发展，教育的改革，现在的课堂早已不是过去的一支粉笔，一块黑板那样简单了。如今的课堂教学已经融入了许多现代信息技术，这些技术正在为我们的课堂服务，让教与学变得更轻松、更愉悦、更高效。是科技改变了我们传统的教学模式，是科技推动了教育的现代化。现代教育云技术实现了把课堂学习自主权还给学生的真正颠覆。学生在课前可以进行资料查阅，课堂上则是讨论、解惑、进一步思考的过程，课堂已然成为了"学生的课堂"。同样是 40 分钟，同样是在教室里，iPad 教学让课堂更有延展性，课堂学习更高效了。

一、ipad 融入英语课堂，让学生的学习更有兴趣

英语是一门实践性很强的课程，对于其学习目标的要求，不仅仅是局限于课本的听、说、读、写，还要着重培养学生的语言实践能力。培养语言实践能力有很多途径，平时要求学生多读多写，在大量的实践中体会、把握并运用英语学习的规律。在英语学科中，听写、默写、背诵是最基本的日常训练，对于小学生来说，单词和语法的掌握与积累是很困难的，因为这些训练都是很枯燥的，学生只有在每天的练习中才能不断地进行巩固、记忆和提高。

iPad 引入英语课堂，可以通过专业平台对学生进行听写训练，学生使用 iPad 的手写功能输入教师听写的内容。教师可以预先设置作业答案，在课堂上，学生完成听写任务，提交后马上就可以获取对错答案，老师也能及时地掌握学生的情况，从而节约了学习、检验的时间。单词的记忆、背诵是英语学习中需要长时间练习的部分，在 ipad 常规训练中，教师将单词默写与单词拼写结合起来，既提高了学生打字的速度，又进行了默写的练习，枯燥的单词训练变得有趣了，使学生增强了学习的兴趣，学习效果得到了提高。

二、ipad 融入英语课堂，让情境训练更真实，让学生的学习更主动

英语学习，创设真实的情境很重要，iPad 的引入让英语课堂更方便了。例如，在学习第九册第三单元 Unit 3 Can you tell me more about the Mid - Autumn Festival? Lesson10 第二课时，教师利用 iPad 给学生提供了多种节日场景，还有图片信息，学生可以根据自己的喜好，选择一个节日给全班同学介绍。学生能够从节日时间、特色食品、传统活动等方面运用所学语言介绍一个喜欢的传统节日，并运用平板电脑录制微视频，介绍自己喜欢的节日。通过使用平板电脑，学生可以自主选择自己喜欢的节日并找到对应的相关信息，学生可以更直观地介绍节日，还可以调动学生的学习积极性。学生以小组形式介绍节日，可以相互帮助。通过录制微视频，还可以激发学生的兴趣，并帮助学生建立自己个性化的学习资源，同时方便教师课下了解其他学生的学习情况。因为 iPad，学生的口语操练更灵活了，也更真实了。

在以往的课堂上，学生学习英语一般都是跟着老师放的录音去听，去模仿着读。在 iPad 课堂上，在这个模仿读的环节，老师会放手，给学生自己学的权利。让学生利用 iPad 朗读英语对话，老师提前安装好纳米盒软件，学生打开就可以跟着读英语了。在这里，iPad 的使用，让学生的学习更自主了，学生可以朗读自己喜欢的对话，也可以朗读自己不熟悉的对话，想读几遍就读几遍，想读哪句就读哪句，根据自己情况学习英语，学生自主性得到了很大的提高，学习效率也提高了。因为 iPad，学生的学习更主动也更高效了。

三、ipad 融入英语课堂，让教学更有实效性

课堂教学时间是有限的，学生所学内容也是有限的。在这一节课的时间里，怎样让学生在有限的时间内收获更多的知识，获得无限的发展，是当今实效课堂的一种追求。iPad 引入课堂，让这种实效性实现了可能性。

教材内容是课堂教学的主要任务，对于英语教学的建议曾明确提出："教师应认真钻研教材，正确理解、把握教材内容，创造性地使用教材；积极开发、合理利用课程资源，灵活运用多种教学策略和现代教育技术，努力探索网络环境下新的教学方式；精心设计和组织教学活动，重视启发式、讨论式教学，启迪学生智慧，提高英语教学质量"。对于这样的要求，我们需要在使用 iPad 进行教学过程中，教师可以利用教学软件将教材进行重新设计和组合，使教材内容更加集中和实际。同时对于教材中学生不好理解的部分内容，可以利用 ipad 添加丰富的图片、视频或音频资源，让这些资源在学生自学时，理解有困难时发挥作用。

例如，在学习五年级上册第三单元 Unit 3 Can you tell me more about the

Mid – Autumn Festival? Lesson9 第一课时，教材中 Listen. look，and learn 板块，只出现了中国四个传统节日的名称和日期，the Double Ninth Festival，the Dragon Boat Festival，the Mid – Autumn Festival 和 the Lantern Festival。学生学习起来很枯燥，也没出现一个情境创设。教师就利用丰富的网络资源给学生录制了一个小视频，介绍这四个节日，对这些节日的日期，饮食，和相关活动都一一做了介绍。在课堂上，学生打开 ipad 播放中国四个传统节日的信息，学生都能够认真观看并且提取信息，然后试着自己介绍这些节日。反思这个环节，学生首先被精美的图片深深地吸引了，对这些美丽的节日产生了兴趣，紧接着，学生利用 ipad 学习这些传统节日的名称和日期，激发了学生学习英语的兴趣，中国的这些传统节日在学生头脑中也留下了深刻的印象，学习效果非常好。

四、ipad 融入英语课堂，让评价体系更有效

Ipad 引入英语教学，可以通过软件设计交互式的练习，实现对知识目标完成情况的及时反馈，以便教师及时、全面地了解学生的学习情况，有效调整教学策略。同时教师还可以在教学之余，增加英语拓展练习，巩固课堂所学知识，让学生们学则有效，并能及时地得到老师的反馈，进一步提高学习兴趣。iPad 的电子书中可以设计制作选择题、判断题、图片拖曳等形式的反馈练习。在学习过程中，学生可以自己核对答案，并反复练习。同时学生可以对全班同学的情况进行观摩，让常出现错误的地方能够引起所有同学的注意，改变了常规教学中单一的教学模式。

Ipad 融入英语课堂，能够充分发挥学生学习的主体性，最大化地调动学生学习的积极主动性，学生变得爱学、乐学，同时，因材施教也有了更好的可操作性，ipad 教学不但对学生、教师，以及整个教学机构都是一种变革。ipad 教学对英语乃至其他学科的引入，都是电子教学的一种尝试，也是社会发展的一种趋势，但是，只有教学工具还不够，还要有先进的教育教学理念，教学方式，这样才能推动教学的有效改革，才能真正提升教

育教学水平。

参考文献：

赵春生：《英语课程标准》北京师范大学出版社 2012 年 1 月第 1 版

妙用白板，打造高效语文课堂

北京市密云区第二小学　齐飞蜓

2017 年 9 月获北京市第八届"京研杯"教育教学研究成果一等奖

内容摘要：交互式电子白板功能齐全，在教学中如能巧妙地使用它，定能发挥其最大的优势：从多侧面、多层次激发学生的求知欲望，实现师生之间、生生之间、人机之间的有效互动，科学地解决了教学难点，使语文课堂教学充满生机和活力，大大提高语文课堂实效。我就结合一节课例《怀素练字》，谈谈交互式电子白板是如何打造高效语文课堂的。

关键词：电子白板　高效课堂　互动分享

在这个信息技术飞速发展的时代，为适应信息社会发展需要，我国新一轮基础教育课程改革提出了"突出培养学生的创新精神和实践能力"的思想。新的《义务教育语文课程标准》确立了构建开放、创新的基础教育课程体系的重点目标，把改变学生的学习方式作为教学改革的重心，积极倡导自主、合作、探究的学习方式。教育教学活动也随之发生了巨大的变化：教材不断改革，教学理念不断改进。交互式电子白板技术的出现，为我们教学手段的改进提供了新的发展机遇，交互式电子白板技术与学科教学的整合，极大地提升了教学效果。

交互式电子白板的很多功能特别适合课堂教学，在教学中巧妙地使用它，让语文课堂活起来。下面结合我的一节课例，选自一年级上册语文教材《怀素练字》，浅谈一下我在语文课堂上应用交互式电子白板的感受。

一、妙用白板，迸发情感

《语文课程标准》明确提出语文课程的基本特点是工具性和人文性的统一，其中人文性就包括情感体验。新课标还强调语文教学要注意知识、能力、情感三个维度的联系，因材施教，让学生潜移默化地受到熏陶。可见，在语文教学中激发学生的情感体验是多么重要。因此，语文教学应通过多种途径，灵活巧妙地运用多种方法，让学生的情感迸发出来，悟情、读情、叙情。那么本节课，我利用交互式电子白板的插入、放大镜等功能，实现了让学生真情流露。

1. 妙用白板，读情

借助插入背景音乐，教师创设情境，学生真切感受到怀素早晨天不亮、傍晚太阳下山了、寒冬腊月、盛夏酷暑怀素天天坚持在石板上练习写字，教师导读，激发学生有感情地朗读。音乐响起后，学生的情感和文本同作者产生共鸣，学生在读中感悟、在读中理解、在读中流露自己的情感。

2. 妙用白板，叙情

借助插入背景音乐，学生感受到了怀素的刻苦，学生在口语表达中，有的赞赏怀素的刻苦；有的感叹怀素无论寒冬还是酷暑都能天天坚持；有的直抒胸臆，要向怀素学习他的品质。总之，学生的口语表达内容丰富，不仅认识深刻，而且饱含真情。

二、妙用白板，化繁为简

作为教师，在备课过程中一定要提前预设出学生可能遇到的学习问题，并为此做好铺垫辅助工作，化繁为简，让学生在遇到困难时，能利用简单的办法，把难题简化，努力完成学习任务，在学习过程中有所收获。

交互式电子白板功能齐全，操作简单灵活，为语文学习化繁为简提供了便利条件。

1. 妙用白板，复述故事变简单

《怀素练字》这节课讲完以后，我设计一个环节，两人一组复述故事。清楚完整地复述故事，对学生而言有一定难度。教师应为学生做好铺垫。在课堂教学中，学生齐读课题导入，回顾文中主要人物后，我让学生回忆、复述课文中怀素练字的步骤，体会怀素练字的认真精神。为降低学习难度，在指名复述故事之前，我先出示几个提示词：先看清……记住……再……学生根据提示词，既有序地回顾了怀素练字的过程，又学习了写字的技巧，为后边完整、清楚、准确地复述故事做了铺垫，学生在复述故事时，就变得轻松容易多了。

2. 妙用白板，感悟写法变容易

真切感悟写法特点对学生而言是难点。借助白板上保留的学生批注的内容，帮助学生感悟写法特点。学生在汇报交流、圈画批注时，大部分都是从"先……再……"这两个关联词为突破口。在回顾自己之前汇报交流时，学生从"先……再……"这个关联词中体会做事要有讲究顺序，才能事半功倍。紧接着，教师出示练习题作为口语表达训练"早晨，我一到教室，就先_____，再_____"学生在感悟中学习，在实践中运用，从心底感悟到关联词的重要性。

3. 妙用白板，突破难点变轻松

理解文章第三自然段感受怀素是刻苦的品质是本课教学难点。在教学过程中，体会到"练的时间长了，木板都被他写穿了"（点击课件，出示木板图）木板硬不硬？（点击课件，出示一只毛笔）师提问：这支软软的毛笔怎么能把这么硬的木板写穿呢？

课件这样呈现，学生看得专注，听得认真，思考更加深入，理解也更加深刻：怀素一定是天天练，日日练，白天练，晚上练，特别刻苦。从而学生理解到：只要刻苦坚持下去，一定会取得好的结果。

"放大镜"的功能可以突出老师要强调的内容，让学生在整段的文字中更清晰地看到老师强调的内容，并且去关注内容，提升兴趣，同时也加深了学生对重点词句的理解：进，出示甲骨文字形，上面是"隹"，像小鸟形，下面是"止"（趾）。鸟脚只能前进不能后退，故用以表示前进。

三、妙用白板，加强互动

电子白板将黑板与多媒体的优点完美地结合在一起。传统的多媒体教学只能照课件宣科，一旦遇到圈点、批画、批注等问题，多媒体操作起来非常不方便，学生生成的资源得不到及时反馈，课堂动态生成也不能及时记录下来。而在电子白板上，这些问题都可以迎刃而解。因为电子白板高效实现了人机之间、生生之间、师生之间的互动，使语文课堂变得轻松愉悦，民主和谐。

1. 妙用白板，人机互动易操作

以往我们都要提前做出 PPT 课件，把重点强调的内容都写在 PPT 上，课上做演示、展示用，学生课上必须带着老师提出的问题思考，被动地观看、倾听，反馈。学习的主动性、创造性在一定程度上得到限制。导致部分学生课堂学习兴趣不高，出现走神、注意力不集中的现象在所难免。

有了交互式电子白板以后，多媒体课件不再属于教师一人的独享者和专霸者。学生也可以成为主角，站在白板前圈点、批画，展示自己的思维过程，还可以和老师，和同伴交流、互动，在白板上轻松自如地进行修正、补充等。

2. 妙用白板，生生互动便分享

由于电子白板操作简单灵活，每个学生只要有思考，有理解，只要愿意都可以到白板前给全班做展示，和全班一起互动交流起来。可以自己一个人，也可以是小组合作交流后，整组站在白板前给全班做汇报。这样一来，个别胆小、不爱表现的学生也就不会担心自己说错、说不好了。因为一旦自己遇到困难，可以马上请身边的同伴帮忙。因为是小组汇报，同伴就在自己身边，无论在时空上还是心理上，都不存在自己一人在座位上发言的那种无助感，向同伴求助成了自然而然的事情。

课堂上，汇报的同学边说边批画，倾听的同学由于看得清楚明白，所以听得更加专注认真，有问题可以马上提出质疑，同学说不到的地方可以相互补充，教师还可以适时启发、指导。学生在课堂上实现可以当老师讲给同学听的愿望，圈一圈，标注一下。这样的课堂真正实现了顺学而导，生生互动，教师、学生、文本之间的互动，充分体现了学生的主体地位用，学生参与积极性高。

3. 妙用白板，师生互动更民主

传统的多媒体教学，多是教师制作课件，以教师引导为中心，课上也是按自己的思路操作、演示课件。有时学生的发言不在老师的预设范围内，课件上体现不出学生的思路，教师多是急于直接予以纠正、指导，以实现预想效果。可是学生之间的互动就很少，学生思路的过程体现不出来。这会使课堂失去真实性，学生的思维发展也在不知不觉中受到抑制。电子白板教学，提供给学生更多自主交流的机会，在生生互动的基础上，教师适时巧妙地给予启发和引导。这样的顺学而导，师生互动，课堂气氛就显得民主和谐多了。

课堂教学中，教师把第一自然段内容分成"怀素小时候"、"练字过程"、"进步"三个句段呈现在不同页面里，学生在汇报交流自学内容时，教师利用白板特效交互功能，学生说到哪，白板就链接到相应页面，学生汇报，其他同学适时补充，教师适时指导。交流完一页，返回主链接页，继续其他页面的汇报交流。课件呈现顺序，以学生汇报顺序为准，在生生互动的基础上，教师适时巧妙地给予启发和引导，充分体现了教师对学生、对课堂生成的尊重。

利用展台和电子白板的链接功能，把学生的练字投射到电子屏幕上做展示、评议，这样视力不好的学生，看得会更清楚。无论教师，还是学生，都可以到白板上对学生练的字进行批画、评议，写得好的地方画出来，供大家借鉴学习，写的欠妥的地方师生提出来，加以改进。电子白板这一特殊功能，便于学生深入参与教学活动，便于学生操作、体验，加强了生生之间、师生之间的互动性，教师对学生的指导也显得更民主。

由此，我深刻感受到，在我们今后的教育教学过程中，要善于将电子白板应用于小学语文课堂，使其得心应手，帮助我们更好的使学生在广阔的空间里学语文、用语文、丰富知识、提高能力，完成教育教学工作。促使学生的学习方式更先进，学习内容更丰富，学习效果更好。努力做到妙用电子白板，打造高效语文课堂。

关注课堂教学细节　提升数学核心素养

北京市密云区北庄镇中心小学　宋怀海

2018 年 10 月发表在《小学数学教育》上

过程决定结果，细节决定成败。课堂教学是由许多教学环节组成的，而每个教学环节又是由一些教学细节组成的，一节课最能体现教学效果的莫过于课堂中那些闪光的细节。如果教师能在课前有意识地、创造性地预设好每一个教学细节，在课堂中对教学细节之处加以具体、有效地指导，并运用自身积累的教学经验、教学机智处理好教学细节，把新的教学理念落实到数学课堂教学的每一个细节中，那么课堂教学的效率将大幅提高，学生的数学核心素养将得到全面提升。下面结合教学实践谈谈如何从教学的细节入手，把数学素养培养渗透在许多小问题、小细节之中，从而促进学生的全面发展。

一、注重细节预设是提升核心素养的前提

课前撰写教学设计是每节课前教师的必备工作，而部分教师在进行教学设计时，往往只重视教学过程框架的设计，却忽略了教学过程中一些细节部分的预设，导致在课堂教学中难以取得良好的教学效果。教学设计在一定程度上可以折射出教师的教学理念，呈现出教师对教学思想的追求，闪烁着教师的教学智慧和创造精神。所以教师在撰写教学设计时应该认真思考每一个细节：设计怎样的学习活动？探究活动怎样进行？要选择哪些

操作材料？……只有在备课中注重了这些细节的思考，当在课堂上面对学生的时候，才能在课堂里创造亮点。在进行教学设计时要特别注重以下几方面的细节预设。

1. 操作材料要科学合理，注重实效。

小学数学课堂教学中操作活动的组织是否有效直接影响到教学的效果，材料选择是否具有典型性，往往直接影响到教学有效性。选取简便易行的材料，用好现有的材料，就会促进操作活动有序、高效地开展，从而提高课堂教学的效率，发展学生的思维。

例如，在教学"可能性"时，教师为每组学生准备了一个封闭的盒子，并在里面放入白色、黄色的乒乓球。让学生每次从中拿出一个，做好统计，以体会可能性是有大、有小的，而且可能性的大小取决于每一种颜色乒乓球数量的多少。为了让学生更好地发现可能性的大小由乒乓球的数量决定的，教师最终选择了每个盒子放入 5 个黄球、1 个白球。因为放入黄球、白球数量相差不多，如 4 个黄球、3 个白球，在实验中就可能出现白球的可能性大的错误假象，对学生理解本节课的知识产生的负面影响。所以，课堂上学具、操作材料的选择要慎重，以免产生不必要的麻烦。

2. 问题设计要指向明确，体现实效。

问题是探究的起点，课堂提问贯穿于整个课堂教学过程，优秀的教师都善于抓住教学重、难点设计核心问题，依托核心问题组织教学，提高学生参与的积极性，激发学生的思维，充分体现学生的主体地位。在教学中，教师要根据教学内容、学生认知特点、已有知识经验准确设计指向性明确的核心问题，以核心问题来统领课堂教学，关注学生实际获得，提升学生核心素养，从而提高课堂教学效率。

例如，在教学"乘法分配律"时，在每一个教学环节，教师都预设了精准的核心问题，引领学生经历了构建乘法分配律模型教学的全过程。在引入环节，教师预设了问题情境："在学校的舞蹈节中，我们班需要购买 3 套藏族表演服，每件上衣 65 元，每条裤子 35 元，买 3 套需要多少元钱？

你是怎么想的?"这个问题指向性非常清楚,首先学生需要计算出 3 套服装的总价钱,其次学生要能够解释清楚解决问题的思路,即要清楚每一步计算的是什么意思。学生在交流中会出现两种不同的计算方法 $(65+35)\times3$、$65\times3+35\times3$,且在交流过程中既能明确解题思路,又能为总结规律、建构模型打下基础。在总结规律环节,通过黑板上已经呈现的多组算式〈如 $(65+35)\times3=65\times3+35\times3$ 等〉预设有针对性的核心问题:"看这几组算式,你有发现什么共同的特点?"学生将围绕这个核心问题展开,在交流中找出算式的相同点,纵向观察左边都是两个数相加的和再乘一个数的形式,右边都是两个乘积相加的形式,再横向观察发现右边的两个乘积都是两个加数与括号外因数的乘积,到此"乘法分配律"的总结及模型建构已水到渠成。在预设指向性明确的核心问题统领下,在生生、师生的互动中,学生经历了知识形成的全过程,积累了活动经验,提升了数学核心素养。

3. 探究活动要精心预设,提高实效。

数学教学探究活动要提高其实效性,就要求教师首先明确探究活动的目的。在活动中教师对活动时间的调控、活动空间的构成、活动对象的全员参与等进行宏观协调,这些都需要课前进行精心的预设,要分析学生学习的现实起点,用学生的眼光审视教学内容,想学生之想,疑学生所疑,设计符合学生思维和年龄特点的有效探究活动。对于探索过程中实际遇到的难点,教师在预设过程中要尽可能的多种考虑,才能在具体的探索过程中发挥主导作用,高效达成教学目标。

例如,在教学"探索规律"时,首先预设问题情境:"有规律的气球排列:红、黄、蓝、红、黄、蓝……第 16 个气球是什么颜色?"在探索规律时,基于二年级学生以形象直观为主的思维特点,教师预设了让学生借助直观的圆片拼一拼、摆一摆解决问题的活动,使学生在交流研讨中发现规律,理解并掌握解决问题的方法。学生在自主探索的过程中采用不同的解决问题的策略,有的用彩笔把题纸上这些气球都涂上颜色,发现第 16

个是红色的；有的用圆片学具按要求摆出来，发现第 16 个是红色的；有的用乘法计算解决问题，每 3 个气球为一组，一共五组，$3 \times 5 = 15$，所以第 16 个是下一组的第 1 个，$16 - 15 = 1$，所以第 16 个是红色的；还有的同学用除法计算，"$16 \div 3 = 5 \cdots\cdots 1$" 16 个气球，每 3 个为一组，有这样的 5 组还剩 1 个，每组的第 1 个都是红色的，所以第 16 个是红色的。在交流研讨的过程中，学生分别理解了不同方法背后的道理，思维也逐步提升。精心预设的探究活动为学生提供了活动的空间，既充分体现了学生的主体地位，又让学生在活动中解决了有规则排列的问题，从而使学生体会到学习数学的重要性，也提高了教学的实效。

二、捕捉精彩细节是提升核心素养的关键

作为教育主体的学生是一个个鲜活的生命个体，有着很强的创造力和想象力。在课堂学习中，即使教师课前预设再充分、再全面，也不可能把学生在课堂上所有情况都想到，随时都可能出现教师意想不到的问题，这就需要教师具有一双"发现"的慧眼，及时捕捉课堂细节。

1. 教师要善于发现课堂中的"亮点"。

在数学课堂上学生会生成很多"亮点"，这些"亮点"是创新思维的体现，是课堂中宝贵的资源，教师应抓住这些"亮点"，剖析现象、结论背后的道理，启发所有学生的思维。新课程理念下的数学课堂，教师经常安排学生之间进行合作、交流、互动，在这一过程中会出现一些不容易被人发现的细节。如果教师能及时捕捉这些细节，让这些生成教学资源为学习服务，就能获得良好的教学效果。

例如，在教学"分数的初步认识"时，教师设计让学生自己创造分数 1/2 的环节，为学生准备了圆形、长方形、正方形等不同形状的纸片学具，让学生在学具中涂一涂、画一画表示 1/2。教师在巡视时发现大部分学生的想法都是一致的（如图 1），但是也发现了一个学生特殊的分法（如图 2）。教师也非常意外一个三年级的学生竟然能够想到这种独特分法，这是

在备课时也没有预设到的。他的思维非常超前，有很强的观察概括能力。在短暂的思考后，教师组织学生进行交流展示，首先展示了常规的表示方法，使学生感受到有不同的表示方法。在此基础上，教师展示了学生的特殊分法，学生的兴趣一下子被调动起来，有些同学赞成、有些同学反对，在大家的质疑、交流中，学生阐述了他的想法：通过前几种分法我发现这条直线横着分、竖着分都把正方形平均分成了 2 份，然后就想到了斜着分，他已经认识到：只要通过正方形中心的直线都能把正方形平均分成 2 份。作为教师永远也不要低估了学生，他们的头脑充满了无限的潜力，多么会思考的学生呀！有着很强的推理能力和创新思维。

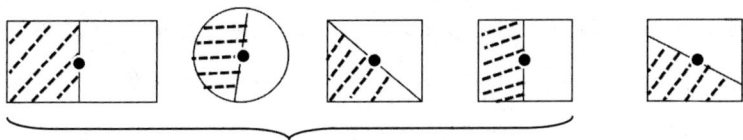

图1　　　　　　　　　　图2

2. 教师要及时发现学生的"误点"。

苏霍姆林斯基指出："教育的技巧并不在于能预见到课的所有细节，而在于根据当时的具体情况，巧妙地在学生不知不觉中作出相应的变动。"在教学中，需要教师具有一双"发现"的慧眼，及时捕捉到预设以外的生成资源，特别是"错误"资源。学生的这些"误点"展现了学生在知识理解中存在的问题，抓住这些"误点"能够第一时间纠正学生的"错误"认识，从而加深对知识的理解。课堂上，很多教师不希望学生作出"意外"的回答、提出"意外"的问题，怕影响预设好的教学任务。殊不知正是这些"错误"资源成就了精彩的高效课堂。当"误点"出现时，智慧的教师不是置之不理，也不是简单化处理，将答案直接告诉学生，而是敏锐地捕捉学生"误点"的价值，巧妙引导，将教学活动引向深入，从而擦出思维的火花。

　　例如，在进行"分数的初步认识"教学时，在练习中教师出示了一份板报小样（图3）根据板报直观图加深对分数的理解。

　　（1）《科学天地》大约占整个板报面积的（　　　）。

　　（2）《艺术园地》大约占整个板报面积的（　　　）。

　　在完成《艺术天地》大约占整个板报面积的（　）时，大部分学生都认为是1/4，但也有几个学生认为是1/3，因为他们从图中看到的是整个黑板被分成3份。在交流展示时，教师将两个"结果"同时展示出来，引发学生的争辩、讨论，在讨论中加深对分数的认识。首先让"误点"的学生说出他的想法，整个黑板被分成3份，所以其中的一份就是1/3，同样想法的学生纷纷点头表示赞同。从中可以看出这部分学生忽略了分数的前提"平均分"这一关键要素。此时其他学生站出来提出质疑，指出这3份不是平均分的……在学生的质疑、争辩中，学生对分数的认识越来越深入，强化了对"平均分"的理解。在学生的交流、互动、理解的基础上，教师又通过课件直观的把黑板平均分成4份（图4），借助直观图帮助"学困生"理解分数。学生的一个错误结论、认识往往折射出学生内心的想法，暴露学生在认知上存在的问题。教师借助学生生成的"误点"，引导学生自主探究，进一步加深了对知识的理解。

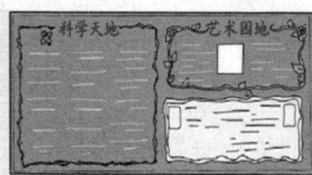

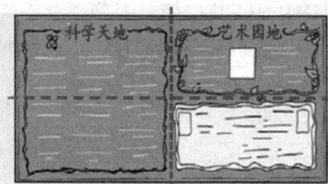

图3　　　　　　　　　　　图4

　　教师要捕捉课堂中的生成的精彩细节，首先需要教师转变教育观念。确立"以人为本"的教育理念，关注学生的实际获得。其次要有一双"慧眼"。善于观察学生的细微表情，动作，不放过课堂上任何一个有价值的资源。最后要认真倾听学生的发言。教师要"不放过"每一个细节，才能有效处理课堂上的突发事件，达成教学目标。我们要珍视细节，把握细节，让细节绽放光彩，让课堂呈现精彩。

三、反思教学细节是提升核心素养的手段

细节决定成败，教学细节是透视教学理念的放大镜，反思教学细节是提高教师教学能力，形成教学风格的过程。反思教学细节主要包含两个方面：一是反思教学中对细节的处理情况。教学是一个动态过程，对于细节的处理都是瞬间做出的决定。我们要将好的做法及时记录下来并进一步梳理、升华，对于当时处理不是十分妥当的细节问题要进一步分析原因，寻找最佳解决问题方案，在以后遇到类似问题时能够及时作出最佳处理。在这个反思的过程中，教师也不断积累了活动经验，提高了教学能力。例如，在进行"方阵问题"教学时，教师为每个学生准备了方阵的点子图，学生在图上通过圈一圈、画一画展现不同解决问题方法，为学生解题提供直观支撑。在展示时，一个学生用浅色彩笔进行的圈画，后面的学生无法看清他圈画的方法。如果这样直接展示会直接影响教学效果，所以教师应该果断决定为学生提供一个大的教具，让这位同学在黑板上边画边说。这样学生既能清晰看到圈画的方法，还能够将算式与直观图结合起来，直观理解解决问题的方法。这样一个处理的细节，体现了"以人为本"的理念，大大提高了课堂效率。二是养成课后及时反思的习惯。课后反思是每位教师必做的工作，课后及时撰写反思本身就是一个细节。通过反思及时总结、梳理各个教学活动的实施情况，及时分析和反思教学中的细节，失败的细节给人以启迪，成功的细节给人以借鉴。我相信，只有这样才能积少成多、聚沙成塔，共享教学智慧，才能让课堂教学效率不断提高。

古人云："天下难事，必做于易；天下大事，必做于细。"细节成就完美，细节决定成败。对于严谨而精确的数学教学来说，细节尤为重要，数学素养就蕴含在这些细节之中。在课堂教学中，教师要不断转变观念，只

有以人为本，才能尊重学生，不放过生成的每一个细节，正确引导、处理，数学学习才能焕发出光彩，学生数学素养才能不断提升。提高课堂教学效率，提升核心素养，从关注每一个教学细节入手！

借形思数　培养学生的几何直观能力

北京市密云区第六小学　张书敏

2017 年 3 月发表在《北京教育》上

《课程标准 2011 年版》指出"几何直观主要是指利用图形描述和分析问题。借助几何直观可以把复杂的数学问题变得简明、形象，有助于探索解决问题的思路，预测结果。"由此可见，几何直观它沟通了儿童形象思维与数学抽象逻辑之间的联系，使复杂的数学问题直观化、生动化，抽象的数量关系形象化，实现了问题与图形之间的转化，有助于学生探索解决问题的有效策略，有助于学生把握数学问题的本质。

作为小学数学教师，要为学生创设一个"借形思数"的数学活动环境，让学生自主运用几何直观解决问题，在不断解决问题的过程中帮助学生发展思维能力。

一、激发学生画图兴趣，养成画图习惯

几何直观在本质上是一种通过图形所展开的想象能力，因此学生掌握一定的画图能力必不可少。这种能力的培养我们要从一年级开始做起。在低年级教学中，学生年龄偏小，识字量较少，孩子们都爱把生活中复杂的人和事用简单的图表达出来。教师在教学设计时要有意识的安排学生的操作及画图活动，让学生从一年级开始感受直观的益处。如教学一年级上册"20 以内数的退位减法"例 1：

计算方法的探索就可以安排学生可以用小棒或图片摆一摆，也可以在纸上画一画。课上教师有层次的安排展示活动，再通过积极地评价语言给学生的这种直观做法以导向性评价。这样既培养了孩子倾听的能力，又激发了他们画图的兴趣。

其次，在教学中养成良好的画图习惯

作为教师要从思想上认识到几何直观的重要性，并把它当作是最基本的能力去培养学生。在日常的教学中，要帮助学生从小养成良好的画图习惯。

二、加强自主操作，积累直观经验

学生几何直观能力的培养不能停留在"教师画、学生看"的水平上，而应该"学生画、学生用"，让学生积极参与、自主操作。教师要着力引导学生实现由初期的"根据指令画图试试"向后期"自觉想用图形试试"的转变，由扶到放，使学生在不断解决实际问题中经历用图形描述和分析问题的过程，积累丰富的直观经验，提高学生用图分析问题的能力。如：京版四年级下册"植树问题"的教学"要在全长20米的小路的一边栽树，每隔5米栽1棵树（两端都要栽）。一共要多少棵树苗？"四年级学生已经有了一定的画图解决问题的经验，面对这个复杂的数量关系，学生自然而然地想到画线段图来描述整理问题：用一条线段表示20米长的小路，5米栽一棵，5米栽一棵……刚好分成4段（如学生画图）

72

5米　5米　5米　5米

然后引导学生通过图形直观地寻找出各数量之间的关系，形成解决问题的方法："间隔数＝总长÷间隔长"。两端都栽，栽了几棵树，数一数。线段图上直观地告诉我们：一个间隔栽 1 棵，再加上开头栽 1 棵，一共有 5 棵。从而发现了这样的数量关系"两端都栽时，棵树＝间隔数＋1"。这样通过线段图的直观，加强了图形与数学符号之间的转换，有效地帮助学生理解了复杂的问题，探索了解决问题的思路，积累了数学活动经验。

三、注重画图指导，提升画图能力

几何直观主要是借助图形来描述和分析问题，寻找问题的数量关系与空间形式的结合点，化抽象为具体，以形助数、以形解数，这就需要学生具有一定的画图能力。小学阶段学生可以画情境图、示意图、线段图等，其中画线段图是学生解决问题的重要策略。在教学中依据具体题目的需要教师要交给学生画图的方法，统筹规划，有意识地结合教学内容有序地安排画图的专题指导，循序渐进，由扶到放。

如京版教材二年级上册"倍的认识"例 4 的教学，

先让学生动手操作，用小棒摆一摆、画一画。"怎样摆（画）就能很快看出柳树有多少棵？"使学生感悟出"要想很快看出柳树的棵数，把杨树的棵数看成一份很重要"。然后引导学生试着"不用小棒摆，应该怎么表示呢？"学生尝试画图，可能画得很粗糙、不规范，但学生经历了用长条图来表示

种了 6 棵杨树。

种柳树的棵数是杨树的 3 倍。

种了多少棵柳树？

具体数量的过程。紧接着教师课件出示标准的长条

图：

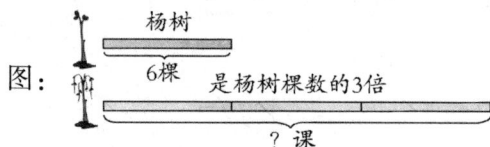

让学生进一步感受正确的画图应该是什么样。这样的教学过程体现了实物表征向图形表征的过渡，使学生理解了可以用长条图表示数量、分析数量关系，感悟到用线段表示的简洁、明了，从而培养了学生解决问题的直观能力。

四、注重语言内化，提升几何直观思维

几何直观的核心价值在于"借形思数、以形解数"。教师要引导学生通过图形的直观来挖掘形与数之间的本质联系。这个挖掘的过程展示了学生"去情景外衣，消减非本质属性，突出本质属性"的用图形描述问题的过程，展示了以形解数的过程，突出学生的数学思考。但这一思考过程，在教学过程中表现为隐性的，所以教师要引导学生通过语言把自己的想法、做法表达出来，阐述自己数形结合的思考过程。虽然学生的思考可能不全面、想法不成熟，但在交流中能够思维碰撞、互相启迪，从而进一步明晰思考方向，体验和感受到数学发现的过程，发展几何思维。

如：我在全国第十一届深化小学数学教学改革观摩会上有幸聆听了山东省刘万元老师执教的"分数乘分数"一课，其中的"数形结合""提升学生的思维能力"被演绎得完美无瑕。

片段：通过画图，初步理解算理

师：$\frac{1}{5} \times \frac{1}{2}$ $\frac{1}{5} \times \frac{2}{3}$ 这样一个新的分数问题怎样研究呢？如果用这样的一个长方形表示"1"，那么怎么画图呢？请大家在练习纸上试一试。

生₁：

反馈：　生₂：

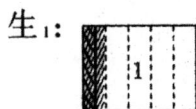

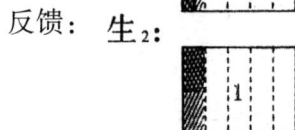

师：你们在画图时先分了什么？

生：先把单位"1"平均分成 5 份，取其中的 1 份。

师：接着又怎么分的？分完后又取了几份？

生：接着再把这一份平均分成 2 份，取其中的 1 份。

师：比一比，哪一幅图更能体现先分再取，再分再取呢？

课件演示：

师：$\frac{1}{5}$ 的 $\frac{1}{2}$ 是多少？

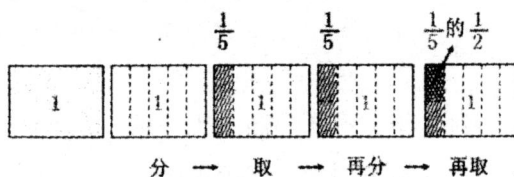

生：$\frac{1}{10}$

师：怎么想的？

生：只要添上一条辅助线就能看出是 $\frac{1}{10}$。

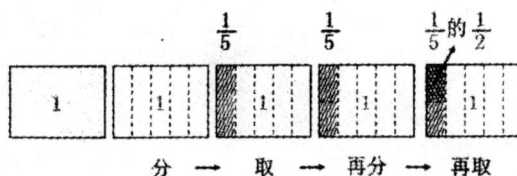

师：10 在哪里？1 在哪里？

师：$\frac{1}{5} \times \frac{2}{3}$ 这幅图又该怎样画呢？请大家画画看。反馈：

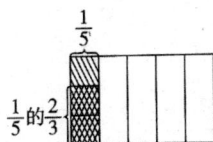

75

师：$\dfrac{1}{5}$ 的 $\dfrac{2}{3}$ 到底是多少呢？怎么修改这幅图呢？

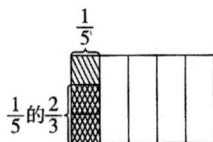

生：只要把整幅图横着平均分成 3 份，那么整幅图一共平均分成 15 份，所以 $\dfrac{1}{5} \times \dfrac{2}{3} = \dfrac{2}{15}$

课件出示：李丽每小时织 $\dfrac{3}{5}$ 米，$\dfrac{3}{4}$ 小时织布多少米？

师：这题又该怎么算？

生：$\dfrac{3}{5} \times \dfrac{3}{4}$。

师：请大家闭上眼睛想一想，先画什么？再画什么？

师：谁来说说，老师来画。

生：先把整个长方形平均分成 5 份，取其中的 3 份；再把 $\dfrac{3}{5}$ 平均分成 4 份，取其中 3 份。

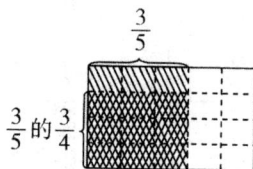

师：现在大家知道 $\dfrac{3}{5} \times \dfrac{3}{4}$ 是多少吗？

生：（齐）$\dfrac{9}{20}$。

师：怎么看出来的？

生：画辅助线就可以了。（如：右图）

师：$\dfrac{1}{5} \times \dfrac{1}{2}$ 实际求什么呢？

生：求 $\dfrac{1}{5}$ 的 $\dfrac{1}{2}$ 是多少。

师：$\dfrac{1}{5} \times \dfrac{2}{3}$ 呢？

生：求 $\dfrac{1}{5}$ 的 $\dfrac{2}{3}$ 是多少。

师：$\dfrac{3}{5} \times \dfrac{3}{4}$ 呢？

生：就是求 $\dfrac{3}{5}$ 的 $\dfrac{3}{4}$ 是多少。

师：想一想，一个数乘分数，实际是求什么？

师：（小结）一个数乘分数实际就是求这个数的几分之几是多少。

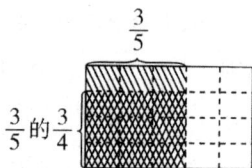

小学生的思维以直观形象思维为主，而算理、算法又十分抽象，因此如何结合学生的思维特点处理好运算教学中算理与算法的关系，往往就是教学的重难点所在。刘老师正是在深入分析学生、研透教材的基础，大量利用几何直观，通过上面三道分数乘分数画图的过程，让学生在活动中积累数学活动经验，直观感知分母相乘其实是"分了再分"、分子相乘其实是"取了再取"，在这其中通过数形结合把这一道理通过学生的表达揭示的一目了然。"分了再分，取了再取"这么浅显的儿童语言，使抽象的算理变得直观形象，为进一步探究得出分数乘分数的计算方法积累了丰富的表象，留下了浓墨重笔。

随后教师抛出 $\dfrac{8}{125} \times \dfrac{3}{8}$，学生感觉画图太麻烦，继续探究适用的一般的计算方法，通过画图解决 $\dfrac{4}{7} \times \dfrac{3}{5}$，看图列出 $\dfrac{5}{8} \times \dfrac{3}{7}$。教师一个有价值的提问："现在你能用自己的话说说分数乘分数怎样计算了吗？学生在观察、比较、验证、归纳中自主探究出计算的一般方法。至此，学生的学习通过验证特殊算式上升到推广总结出普遍适用的方法，完成了学生的思维从特殊到一般的归纳的跨越过程。"

　　这节课大量的运用几何直观，在探究算理的过程中，每一道算式都通过画图的方式来解决，"以形助数"运用得非常娴熟、充分。借助于"形"的生动和直观有效的阐明了抽象的分数与分数之间的运算关系，学生的表达得到了训练思维的深刻性得到进一步培养，整节课的学习过程真正成为培养与发展学生逻辑思维能力的过程。

　　总之，作为小学数学教师要增强几何直观的教学意识，充分挖掘教材中的资源，为学生创设一个"借形思数"的数学活动环境，让学生自主运用几何直观解决问题。在不断解决问题的过程中有效地帮助学生积累几何直观经验，发展思维能力。

创设问题情境　突出数学本质　落实核心素养

北京市密云区教师研修学院　佟增玉　钱艳

此文 2018 年 10 月获北京市数学年会优秀论文评比一等奖

摘　要：在课堂教学改革日益深化的今天，生命课堂、智慧课堂、学生核心素养、学科核心素养等新理念扑面而来。如何实现让学生经历从问题情境到观察、实验、操作、猜想、验证等探究数学活动全过程？如何激发学生积极分享自己的思考？如何锤炼学生的数学思维品质，落实数学核心素养？这一系列问题都需要教师围绕教学目标及教学重难点，精心设计牵一发动全身的有效问题情境或核心问题。数学是思维的科学，数学课堂应该是学生分享思考的场所。知识与技能已不是学习的唯一目标，学生数学思维品质的提升，数学素养的培育才是最终目标。有效的问题情境，有利于唤醒学生的潜能；有利于突出数学本质；有利于依托教师智慧演绎学生精彩；有利于学生的关键能力和必备品格形成；有利于落实学生核心素养的培育。因此说，创设问题情境，突出数学本质，是带领学生进入主动学习之门，落实数学核心素养的金钥匙！

关键词：问题情境；核心素养；数学本质；思维品质；课堂教学；有效学习；

正文：

在课堂教学改革日益深化的今天，生命课堂、智慧课堂、学生核心素养、学科核心素养等新理念已经深入人心。余文森教授说：核心素养决定一个人的人生高度、深度，决定一个人生活的品质、品味。学科核心素养指的是受过这门学科教育的人的形象、表现、气质、行为、习惯、能力、素质，即必备品格和关键能力的具体化、科学化、情境化。从这个角度看，核心素养理念下的数学教学不应该仅仅是教学知识的课堂，更应是创设问题情境，突出数学本质，落实数学核心素养的课堂。我们应该从小学做起、从现在做起、从我们的日常课堂教学做起。

一、建构创设问题情境，突出数学本质，落实数学核心素养的课堂基本范式

（一）全面了解、掌握学情是创设问题情境，突出数学本质，落实数学核心素养的前提

首先，掌握学生的认知体系。学生并不是空着脑袋走进教室的，日常生活和以往的学习已经为他们建立了丰富的经验，形成了他们对世界事物的看法。在面临新情境、遇到新问题时，他们会基于已有的经验、依靠自己的认知能力，形成对问题的某种理解和解释。所以，他们的头脑并非容器，而是一个加工厂，要经过自己自觉的分析、综合、加工、改造，吸取自己需要的，感兴趣的，排除自己不需要的、厌恶的。

其次，了解学生的心理体系，学生是一个自觉的、有意识的、独立的、未成熟的人，每个人都有自己独特的活动经历和独特的心理表现等个性特征。教师对学生的影响和作用只有通过学生自身的取舍才能发挥效果。如果教师只是带着成人化的、想当然的思想意识去激发学生的兴趣，久而久之，会适得其反。

教师基于对学生的认知体系和心理体系的了解，才能对教材进行创造性的加工处理，把学生作为教学的基本出发点，关注学生，让学生成为课堂的主人。

（二）教师自身的课堂智慧、学科知识经验、能力水平是创设问题情境，突出数学本质，落实数学核心素养的保障

课堂教学是师生生命历程中的一段重要的经历，在智力发展、情感沟通、对话交流中实现着多种需求，并能使潜能得到发展。教师的学科知识经验、能力水平、个性特点是影响创设问题情境，突出数学本质，落实数学核心素养的保障。

如《乘法分配律》的教学，很多老师喜欢创设计算比赛的情境，但课上遭遇学生的"节外生枝"，常常导致引入不成功。其实有经验的教师会把学生分成两组，一组和二组分别做 $8 \times 37 + 8 \times 63$ 和 $8 \times （37 + 63）$ 两个算式，经过比赛，如果第一组同学输，就和老师最初的想法一样。如果学生的比赛没有按老师的意愿完成，一组的同学按简算先做完时，教师要紧紧抓住这个"战机"，将手中的"球"再传给学生："他这样做对不对呢？这两个算式之间有这样相等的关系吗？我们不妨将他的做法先作为一种猜想，看看这个猜想是否适用于其他数据……"，这样，也可以直接的切入本课的主题。面对"活生生"的一群学生，依然有太多的不确定性，对教师自身也面临着太多的判断与选择的需要。正是在这种情境中，教师才会有不断超越自我的勇气和实现主动发展的可能。

（三）形成创设问题情境框架是课堂教学突出数学本质，落实数学核心素养的关键

1. 初步稳定创设问题情境的框架

对于创设情境的重要意义，每个人心中都有太多的理解和认识。福建师范大学余文森教授在一次讲座中提到德国一位学者有过一个精辟的比喻：将 5 克盐放在你的面前，你无论如何也难以下咽。但是将 5 克盐放入一碗美味可口的汤中，你在享用佳肴时，将 5 克盐全部吸收了。情境之于知识，犹如汤之于盐。盐需要融入汤中，才能被吸收；知识需要融入情境之中，才能显示出活力和美感。结合我区实际，在扎扎实实的实践中，像盖房子一样，"一砖一瓦"的建构起我区的创设问题情境框架（如图），

使之常态化，并最终成为教师课堂教学落实学生数学核心素养的抓手。我们用"情，境，则"这三个字概括研究成果框架。

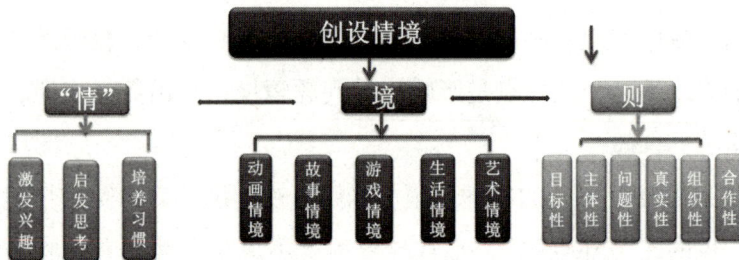

2. 细化创设问题情境，突出数学本质，落实核心素养的课堂教学基本规则

（1）这里的"情"字主要从情感态度、价值观方面来说明对学生发展所起到的巨大作用。即可激发兴趣，又可启发思考，还可培养习惯。兴趣是最好的老师，只要学生对所研究的问题感兴趣，有情感才会全身心的投入，那么课堂中更多的"要我学"就会变成"我要学"。学生学习的热情会唤起他们的求知欲，而求知欲的形成则会直击课堂效率的提升。这一刺激才会转化为主动探索知识的行动，而刺激下的探索行动，又会反过来促使学生的思维一直处于上升状态，使得孩子们的学习习惯也产生良性循环，达到事半功倍的学习效果。

（2）所谓"境"是指在课堂教学中，根据教学内容、目标所设定的，适合学习主体并作用于学习主体，能够使其主动积极建构性学习的具有一定背景、场景和学习活动条件的一切学习环境。每个人对于情境的创设可能都会有不同的理解和认知。一般的情境创设都考虑以下三点：第一、现实性。是指问题来源于学生的生活，是孩子们喜闻乐见经常在他们身边发生的事。这样学生会产生学习的热情和兴趣，还能体会到数学与生活的密切联系。第二、针对性。创设情境目的不止是激发兴趣，更重要是突出数学本质，让学生在问题解决的过程中，掌握有关的知识，培养问题解决能力。不仅要考虑情境创设是否有利于目标达成，更要考虑情境的创设是为了提出核心问题，抓住有针对性的数学问题，才有它存在的价值，否则对目标达成没有多大的意义，情境大可不用。第三、艺术性。是指创设的情景源于生活而又高于生活，是把"街头数学"学校化的过程。情境必须通过教师的适当处理，是对生活中问题的数学化提炼。

（3）这个"则"是原则。创设情境的方法手段固然多种多样，但是有些原则是需要遵循的。首先目标性原则：无论我们创设什么情境，都不能偏离课程标准，偏离学科重点。其次主体性原则：学生是数学学习的主体，教师是学习的组织者、引导者与合作者。情境的创设，一定是着眼于学生的身心发展的，一定是凸显学生学习主体的，符合前苏联著名心理学家维果茨基的"最邻近发展区"的理论。再次问题性原则：所创设的问题情境，一定是有深度、有价值的，直面数学本质。这个问题会聚焦到课堂的核心问题，引发学生数学思考。而不是单纯地为了情境而情境，热闹一下就失去作用了，脱离了数学本质的问题情境，终究是肤浅的形式而已。

二、探索创设问题情境，突出数学本质，落实数学核心素养的课堂教学基本策略

（一）鼓励学生先独立思考，再对话交流是课堂教学突出数学本质，落实数学核心素养的策略之一

1. 从学生已经获得的知识和能力出发，让每个学生有话说

比如：《时、分、秒》的教学，教师在揭示课题后可直接问：关于时、分、秒的知识你知道哪些？请你给大家先讲一讲好吗？重视学生已有的经验，把学生已有的知识经验作为新知识的生长点，引导学生从原有经验中"生长"出新的知识经验。教学不是简单的知识传递，而是知识的处理和转换。然而在实际的教学中，教师总是假定学生不知道或有意无意的忽视学生已有的知识经验，一味的认为学生是一张白纸，教师害怕学生把新课要学的知识都说出来，有时，教师流于形式，虽然问：你知道关于某某有

关的知识吗？就立即断定：学习了这节课，你们就会知道了。不真正给学生自觉自主参与的机会。

2. 倡导学生自主探究，让每个学生再创造

如，在教学《认识角》时，可以设计这样一道练习题：一个长方形纸，剪掉一个角后，还剩几个角？这道题既有实践性又有开放性，学生的兴趣一定很高。学生剪角的位置不同，结果就不同。可以出现三种情况：

3个角　　　　　　　4个角　　　　　　　5个角

一切真理都要由学生自己获得，或者由他重新发明至少由他重建，而不是简单的传递给他。自主探究就是让学生围绕提出的问题，依据各自的知识经验，用自己的思维方式再创造，亲历知识产生过程，是学生主动的从事观察、操作、实验、猜测、验证、推理的"做数学"的活动。探究的目的不仅在于获得数学知识，更在于让学生在探究的过程中掌握一些科学的研究发现方法，从而增强学生的自主意识和克服困难的意志。一个人掌握了探究的方法，就等于缩短了人生的有限性与知识的无限性之间的矛盾。

（二）组织小课题研究活动是课堂教学突出数学本质，落实数学核心素养的策略之二

目前，进行课题研究已经成为国内外小学数学教学的一个重要趋势。借助小课题研究，可以有效地培养学生的实践能力，更是改善学生学习方式的一条好措施。如：学习"圆柱表面积的计算"一课，引导学生探究圆柱表面积的构成，推导出圆柱表面积计算公式，即依次计算底面积、侧面积、表面积，并概括出圆柱表面积计算公式即侧面积加两个底面积。可在学生质疑时，有学生提出意见，认为这样计算比较繁琐。向老师提出：

"有没有更巧妙的求法?"难道底面、侧面展开是"圆"与"长方形"就一定要依次算吗?这是一个不可多得的好"问题",很想展开讨论,但快下课了,时间不允许。我急中生智:让学生带着问题"走出课堂"。我肯定了大家的想法,说:"有这样的想法很好,只要好好去研究它,新方法总会有的。"接着提出要求:大家回去先用纸做一个圆柱体,然后拆开,用剪剪拼拼的方法去拼成我们学过的图形。同时宣布第二天趣味数学课的内容就是研究"圆柱表面积的巧妙解法"。由于"作业"新奇,学生兴趣盎然,"作业"准备充足,趣味数学课上,学生"异想天开",答案丰富多彩。经过讨论,大家发现了圆柱表面积的简便计算公式,即圆柱表面积=圆周长×(高+半径)。新公式的诞生,使学生万分激动,下课后,还围着我一个劲地问:"数学课还这样上吗?""这样的数学课我喜欢!"我们的学生不管他们的年龄的大小和他们所在年级的高低,不仅能思考,而且真的去思考,他们做决定、处理难题、提出假设、评估信息、甚至开展推理。

三、强调"问"和"做"的学习方式是突出数学本质,落实数学核心素养的基本途径

(一)"千方百计"让学生"问"起来,培育问题解决意识是落实数学核心素养的途径之一

爱因斯坦认为:"提出一个问题往往比解决一个更重要,因为解决问题也许仅仅是一个数学或实验上的技能而已,而提出新的问题,新的可能性,从新的角度去看待旧的问题,却需要有创造性的想象力,而且标志着科学的真正进步。"

1. 观察提问。从观察中发现问题,提高思维的深刻性、灵活性与敏捷性。我强调让学生通过观察思考后充分展示思维的过程,把凝结在知识背后的材料以及科学活动充分展开,暴露思维的发生发展过程。引导学生观察生活中的现象,发现数学问题。如:开完校运会当天,学生就能提出校

运会中的数学问题：跳长绳中，全班 5 分钟共跳 620 下，那平均每人跳多少下？每分钟每人可跳多少下？等。还有学生问：生活中的物体各部分都成一定比例吗？让学生感觉到生活中处处有数学问题。

2. 猜测提问。问题的答案是学生凭借自己的想象、估计、推测出来的，是有待于证明后才能确定的。比如在学整数和小数的混合运算时，学生猜测：在整数和小数的混合运算中也能运用各种运算定律吗？乘法有分配律，那除法也应该有分配律是吗？三角形的内角和是 180°，梯形的内角和多少度呢？

3. 比较提问。比较是就两种或两种以上同类的事物辨别异同或高下，确定它们联系的思考方法。比如学生提出：整数和小数的混合运算和分数的混合运算它们有什么相同点？有什么不同点？光速、音速、电速哪个最快？

"发明千千万，起点在一问"，这一问或许就是真理最初的涟漪，它的意义深远。因此，激发学生的问题意识，提高问题的质量，让问题走进课堂，并让学生带着更多的问题走出教室，走出学校，形成自己的独立见解，真正改变学生的学习方式是培养学生思考力的灵魂所在。

（二）"千方百计"让学生"做"起来，是突出数学实践性，落实数学核心素养的途径之二

如何让问题发挥更大的作用呢？如三年级学生："学校的旗杆那么高，有多少米呀？"教师把这个学生的问题当成了资源，利用综合实践活动课，引导学生开始想办法测量旗杆的高度。面对高高的旗杆，孩子们有的说"爬上去"，"有的说把旗杆放倒，还有的说利用航模小组的无人飞机，还有的想利用梯子……最后学生想通过升旗的方法，系上一根细绳，这样就可以测量旗杆的高度了。

正是学生的一个小小的问题，犹如平静的湖面荡起了层层涟漪，学生的思想打开了，他们的办法越来越多。并且，老师又给学生留下悬疑，孩子们，不用这种办法，巧用旗杆的影子，在未来的学习过程中，也能解决

这个问题。

正像波利亚所讲："一个重大的发现可以解决一道重大的题目，但在求解的任何问题过程中，也都会有点滴的发现。你要求解的问题可能不大，但是如果它引起你的好奇心，如果它能使你的创造才能得以展现，而且如果你是用自己的方法解决它们的，那么你就会体验到这种紧张心情，并且享受到发现的喜悦。在易塑的青少年时期，这样的体验会使你养成善于思维的习惯，并且在你的心中留下深刻的印象，甚至会影响到你一生的性格。"

综上所述，在深入课堂教学改革的过程中，如何创设问题情境，突出数学本质，落实核心素养，丰富学生的实际获得，可能会产生不同的认识，这里只是笔者一些粗浅的认识，也是自己工作时发现的一些案例。有句话说得好："没有问题的课堂才是问题最大的课堂。"如今数学学习课堂缺的不是活泼有余的教学情境，不是热热闹闹的教学气氛，而是能激活学生思考力，突出数学本质的教学情境，为抽象的数学问题找到一个活生生的"生活原型"，实现数学知识和学生已有经验的有机整合，在探究过程中积累数学活动经验和数学思想方法。因此，教师应结合生活实际，抓住典型事例，善于挖掘教材中的素材，激活学生的相关经验，让学生从问题情境中学习数学，理解数学，使数学能生活化，生活能数学化，使学生的思考力、表达力不断增强，创新意识不断得到培养，使他们的数学核心素养得以养成。

参考文献

［1］美 G. 波利亚 . 怎样解题 . ［M］. 上海市：上海科技教育出版社，2015.

［2］数学课程标准 . ［M］. 北京市：北京大学出版社，2011.

［3］王光明、范文贵.《新版课程标准解析与教学指导》［M］. 北京师范大学出版社，2012 年出版.

［4］吴正宪.《小学数学教学基本概念解读》［M］.教育科学出版社，2014年9月出版.

［5］《小学数学教学设计原理和方法》［M］——上海教育出版社 叶季明

"精讲多练"

——提高书法课堂教学的实效性研究

北京市密云区河南寨镇中心小学　蔡德民

北京市密云区教师研修学院　周金龙

此文在 2018 年 7 月发表在《中国篆刻．钢笔书法》32 - 93 cn33_ 1394/j

内容摘要： 怎样提高书法课堂教学的实效性呢？《首都书法教育"九三一"理念》和《如何创造性的使用教材》为我们提供了良好的策略与方法。而"精讲多练，注重实效"就是其中的理念原则之一。在教学中，笔者努力践行着这一原则。通过精选教学内容，一课一字；变通的确定学生在学习过程中的重难点；"围绕学生书写中出现的问题"，量化结构；教师示范，讲清字理；学生边练边调整，完善书写等环节。提高了书法课堂教学实效性。

主题词： 精讲　多练　注重实效

　　"笔画规范、结构匀称，端正美观"是《中小学书法教育指导纲要》中对学生书写提出的基本要求。而要完成这项基本任务，仅靠每周一节书法课是远远不够的，因此，教师就应该抓住课堂教学，向课堂教学要实效。怎样提高书法课堂教学的实效性呢？《首都书法教育"九三一"理念》、《如何创造性的使用教材》为我们提供了良好的策略与方法，而"精讲多练，注重实效"就是《首都书法教育"九三一"理念》中九大原则之一。在教学中，笔者努力践行着这一原则。根据学生的实际情况，精选教学内容，一课一字，准确而又能变通的确定学生在学习过程中的重点、难点；"围绕学生书写中出现的问题"，量化结构，讲清字理，注重运笔，完善书写。使学生"积少成多"，将课堂上学到的书写知识，自觉的纳入到平时的各科作业书写中，逐渐形成了书写技能，确实提高了课堂教学效率。

一、精选教学内容，一课一字。

要达到精讲多练，提高课堂实效，就应根据大多数的学生实际水平，精选内容，一课一字。有一个俗语叫"贪多嚼不烂"，就是比喻工作或学习贪多而做不好，吸收不了，书法的学习尤其如此。三年级到五年级的书法教材，每课三个字；六年级书法教材，每课五个字；全讲全写，时间仓促，面面俱到成了面面不俱到。所谓精选，就是选那些容易找到书写规律的字，相同类型的典型的字。"三、言、年"讲的是横的组合变化，就选一个"三"，虽然都是横画，但每个横都不相同，短横与长横不同，两个短横其中一个是左尖横，三横组合起来，没有重复之感，能代表欧体的横画特点。欧体的横画和竖画都是两头重，中间轻，在用笔的轻重练习上，横的轻重也是竖画的轻重，所以横画的练习，更具有普遍的代表性。把这个字练习好了，可以辐射其他很多字，举一返三。所以教师应根据不同的年级，不同的水平，精选教学内容，合适最好。这样才能达到真正的精讲，提高课堂教学效率。

二、准确而又能变通的确定学生在学习过程中的重点、难点，精讲多练，提高课堂实效。

教案中的重难点的确定，都是学生在课堂学习中的预设，重难点的确定，是根据教材、教师的经验。这样确定的重难点并不一定与当时课堂，学生的实际学习相符，这就需要教师准确而又能变通的确定学生学习的重难点，随机应变，围绕学生书写中出现的问题去引导，提高课堂教学实效。例如：四年级上册第六课《弧竖》一课，按照教材和教学参考，本课的重点是掌握弧竖的写法，难点是弧竖的弧度和角度。但在学生实际的学习中，"井"字笔画的占格和弧竖的长短及形态出现了问题，受其平时简化字书写的影响，弧竖写成了长撇，这时，教学重点应确定为：充分利用字格中的线掌握"井"字各笔画之间的关系。教学难点应确定为：弧竖的长短、收笔要符合欧体规范。不要把弧竖写成长撇，要改变原有的书写习惯，体现欧体的特点。此时的重难点变了，教师教学的方式也随之转移。学生得到了适当的指导，教学效率有了明显的提高。

三、合理使用数字化技术，让学生清楚的知道笔画的占格位置，量化字的结构，精讲多练，提高课堂实效。

科技日新月异，首都书法教育提出了"书法课堂数字化全覆盖"的理念，有的学校书法课已经使用了 ipd，实现了数字化的"临摹复合法"，学生能清楚、直观的看到自己写的字与规范字的差距，迅速找到自己书写中存在的问题，反馈给教师，教师引导学生把问题归一归类，然后"围绕学生书写中的问题"进行针对性的讲解练习，课堂的节奏加快了，学生练的时间明显多了，提高了课堂教学效率。我校的数字化设备还没有发展到这么先进，为了让学生清楚的定位笔画，笔者使用了新型的黄金米字格练习纸与多媒体相结合，这种格与传统的米字格相比就是在横中线和竖中线上多了几个数字，其他没什么变化，但就是这个小小的改变，就可以让学生通过坐标方法准确定位笔画的起笔，收笔。反映了设计者的独具匠心。课前将黄金米字格拍成照片做成母版，再用软件（PS）将要学的字从书上抠下来，放到黄金米字格中，调到大小适中，每个笔画的占位立时显现出来。传统的米字格对笔画的定位只是个"大约"。

使用黄金米字格，学生很容易、很清楚的知道笔画的联系与定位。比如：这是同一个学生，书写"也"字前后的对比。

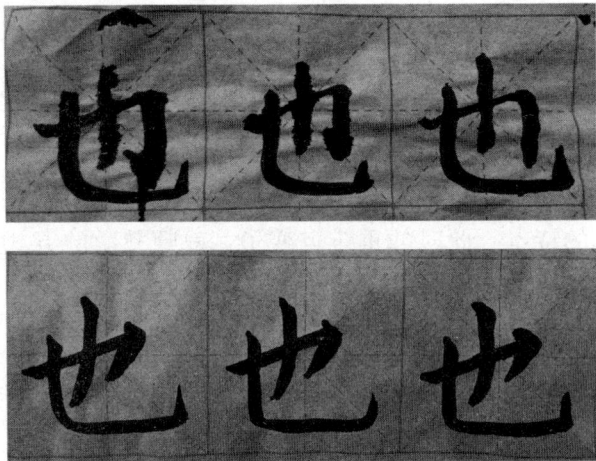

师：两组字比较起来，哪一组字你满意？

生：使用黄金米字格书写的"也"字满意。

师：老师很高兴，你能有这样大的进步，为什么会有这么大的进步？

生：找到了笔画的位置了。如"也"字中的曲头竖没在竖中线上，在竖中线的左侧。

师：你是怎样发现的？

生：观察老师给出的在黄金米字格中的"也"字。

师：还有别的发现吗？

生：第一笔横折钩的折笔倾斜角度大。

生：使用原来的米字格书写时，比较随意。随意写，笔画的位置找不准，横折钩的折笔写成直的了，使整个字有点右坠的感觉。

师：为什么在米字格中三个字写的差不多一样？

生：习惯了。

师：为什么能改了呢？

生：通过找数字确定笔画的位置。

师：还能再改一改吗？（能）

师：请同学们再仔细观察，横折钩的折笔位置和竖弯钩轻重。写一写，相信同学们还会有进步———

尽管学生笔画的书写还有问题，但是结构的书写有了很大的进步，可见利用数字化手段，把字与黄金米字格复合，结构掌握起来更容易，不但突破了结构认识上的难点，还能克服原有的不规范的书写上的难点，一举多得，提高了教学效率。

这样练习时间长了，熟能生巧，人体肌肉是有记忆能力的，良好的习惯形成了，即使脱离了字格，学生的书法也可以练成了。

四、"教师示范，形成偶像"，是精讲多练，提高课堂教学实效的关键。

精讲是指教师，多练是指学生，教师是主导，学生是主体。教师的"精"体现在三个方面：

1、学生书写中出现问题，教师抓得要"精"。教学中教师要关注学生的个体体验，要看"个体体验"是不是符合字的规范，有多少学生书写不符合字的规范，抓主要的问题、共性的问题，才能达到精讲。如果每个学生的书写问题都拿到课堂上讲，那就真成了"面面俱到而面面不俱到"了，所以这个"精"是指学生书写中的主要问题、共性的问题。个别的问题，教师随机指导，使课的结构主次分明。

2、教师示范的要"精"。这个"精"有四层涵义，（1）是指教师示范的笔画要"精"。起笔、行笔、收笔、转折符合规范，动作清楚，写出的笔画与字帖一样；（2）是指结构要"精"。笔画的位置准确，结构布局匀称，与字帖一样；（3）特点要"精"。写欧是欧，写颜是颜，示范符合经典碑帖的特点；（4）节奏要"精"。书写整个字要熟练、流畅、轻重变化自然。唐代书法理论家孙过庭在其《书谱》有这样的论述："将返其速，行臻会美之方；专溺于迟，终爽绝伦之妙。能速不速，所谓淹留；因迟就迟，讵名赏会!"大意是说，运笔能速而迟，将会达到荟萃众美的境界；专溺于留，终会失去流动畅快之妙。能速不速，叫作淹留，行笔迟钝还一味追求缓慢，岂能称得上赏心会意呢。这就要求教师在示范的时候不能太快，也不能太慢。起笔、收笔要慢，给学生交代清楚，中间行笔稍快，给学生渗透轻松明快之感。

3、教师语言讲的要"精"。教师边示范边讲解学生书写中存在的问题，精练简捷的语言与书写动作相配合，书写过程学生看的明白，听的清楚，这才叫精讲。

这就对老师提出了很高的要求，"台上一分钟，台下十年功"，当教师示范完成时，学生报以热烈的掌声，在学生心中形成了"偶像"，教师的心中是娱乐的，下的功夫是值得的，学生"亲其师，信其道"，"心摹手追"才能"拟之贵似"。

五、学生多练，要循序渐进，边练边比对、调整，把提高课堂实效落到实处，形成书写技能。

老师讲清楚了，学生也看明白了，但形成书写技能还有很长的距离。这段"距离"的完成，就是"练"。练也是要讲究方法的，不是一味的写下去，而是要边练边比对、调整。写完一个字后和碑帖上的字比对一下，看看这次写的像不像，哪些地方还不像，为什么不像，找出原因；写第二个字的时候，要改正，如果改正不了，就要做更深的思考，是笔画的功力不够？还是受旧有的书写习惯影响？因材施教，循序渐进。比如：有的同学手发抖使笔画弯曲不平，说明功力不够，就要做一做"功力九势"，练基础，练运笔、转锋、调锋、轻重等控制毛笔的方法。笔者在讲《井》字的教学时，根据"井"的笔画特点，写字之前安排了二、三分钟的基本笔画练习，效果非常好。

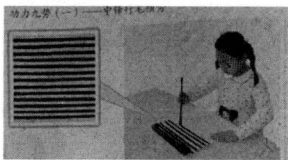

这种练习可以随机安排在课堂中，达到多练。

如果是受了旧有习惯的影响，笔画长短不规范，就严格按照黄金米字格练习，形成规范的习惯。例如"王"字，第一个横是从3到7过竖中线3和4之间，就不能从1到到9，第二横也是从3到7过竖中线中心，第三横是从1到9过竖中线6和7之间。严格遵守，"先死板后灵活"，循序渐进，形成书写技能，提高课堂教学实效。

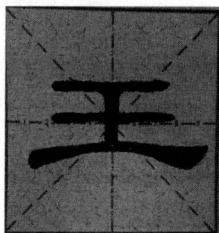

对于基础好的同学可以安排一些创作练习，学以致用，"以用促练"。学的最终目的是"用"，陶冶情操，抒发情感。每堂课后，笔者都出示一些精美的书法作品，引导学生欣赏观摩，鼓励有能力的同学尝试创作练习。还以"井"字为例，课堂快要结束时，老师出示扇面形式的作品"井井有条"和横幅形式的作品"井然有序"，让学生练习，学生创作热情非常高，有的课堂上完成了，有的没有写完，下节完成，这样又把练习延伸到了课外，达到了多练的目的，反而提高了课堂教学实效。

以上是对"精讲多练、注重实效"的浅思与实践，《首都书法教育九三一理念》和《如何创造性的使用教材》内容丰富，涵义深刻，方法多样，为我们的书法教学打开了一片自由发展、蓬勃向上的新天地，"普及书法教育，弘扬传统文化"就在我们的课堂教学中。

参考文献：

1、《中小学书法教育指导纲要》

2、《首都书法教育九三一理念》

3、《如何创造性的使用教材》

4、孙过庭《书谱》

谈有趣、有序、有效的书法课堂

密云区高岭镇高岭学校　周宏伟
此文 2018 年 4 月获北京市基础教育研究中心组织的
"北京市中小学书法教师教育教学"论文评选一等奖

内容摘要：汉字和以汉字为载体的中国书法是中华民族的文化瑰宝，是国家文化的灵魂。书法教育对培养新时代各方面人才，热爱祖国文字、提高书写能力、审美能力和人格品质具有重要作用。打造一个有趣、有序、又有效的书法课堂，激发学生学习书法的热情，继承并弘扬我们的传统文化，从中体验书法带来的乐趣。

关键词：有趣　有序　有效

汉字和以汉字为载体的中国书法是中华民族的文化瑰宝，是国家文化的灵魂。书法教育对培养新时代各方面人才热爱祖国文字、提高书写能力、审美能力和人格品质具有重要作用。

提到书法教育，很多人都觉得就是写字教育，枯燥乏味，多数人也根本坐不住更别提能安下心来书写了。对于小学生而言，如果把书法课真的上成了一节纯写字的课，这真是一件折磨人的事，估计小孩子都不会喜欢上这样的课。如何让小学生坐下来喜欢书写、写出兴趣来并不容易。下面我就来谈谈我的书法课堂：

一、营造有趣的书法课堂

孔子云："知之者不如好之者，好之者不如乐之者。"兴趣是最好的老师，是人力求认识某种事物或活动的心理倾向，是引起和维持人的注意力的一个重要内部因素。一旦学生兴趣激发出来，教学就会获得事半功倍之效。教师只要将趣味性与教学融为一体，就才能真正的开发出课堂本身的乐趣来。课堂教学就是学科知识趣味化。我所面对的学生都是十二岁以内的小学生，别看他们小，但很多孩子喜欢上了古老的书法。

1. 趣味小故事进课堂

在讲《卧钩的写法》一课时，课中学生写的有些没兴趣了，我给他们插入了一个动画片小故事：《王羲之吃墨》。王羲之大约五六岁的时候，就拜卫夫人为老师学习书法，他的书法进步很快，7 岁的时候，便以写字而在当地小有名气了，很得前辈的喜爱和夸奖。有一次吃午饭，书童送来了他最爱吃的蒜泥和馍馍，几次催他快吃，他仍然连头也不抬，像没听见一样，专心致志地看帖、写字。饭都凉了，书童没有办法，只好去请王羲之的母亲来劝他吃饭。母亲来到书房，只见羲之手里正拿着一块沾了墨汁的馍馍往嘴里送呢，弄得满嘴乌黑。原来羲之在吃馍馍的时候，眼睛仍然看着字，脑子里也在想这个字怎么写才好，结果错把墨汁当蒜泥吃了。母亲看到这情景，憋不住放声笑了起来。王羲之还不知道是怎么回事呢！听到母亲的笑声他还说："今天的蒜泥可真香啊！"

学生听了这个故事后，也是笑的前仰后合，我紧接着就告诉他们王羲之坚持数十年如一日，勤学苦练，临帖不辍，练就了很扎实的功夫，成为历史上很有名的书法家。一个小故事，让孩子不仅舒缓了上课的紧张节奏，也让学生知道了东晋书法家王羲之之所以能够成为一代名家，跟他小时候的勤奋是分不开的，这很有可能为他们以后学习书法埋下一颗良好的种子。

2. 联系物象，辨识基本笔画

教学三年级《捺》一课，我在复习环节带来汉代书法家蔡邕《笔论》中的一段话："为书之体，须入其形。纵横有可象者，方得谓之书矣。"他告诉我们书法中的很多笔画往往与自然万象有着相似或者相通的地方，所以，书法才有了源于自然而又超越自然的美妙境界。你们看这是绣花针，看到它你想到了哪个笔画？是的，悬挂起来它跟悬针竖很像；你们看担物品的扁担又长得像哪个笔画呢？对，就是横，看看非洲大象长长的象牙，它是大象御敌的重要武器，你想到了哪个笔画呢？撇。从这把大刀的图片中，你联想到了哪个笔画？就是捺这个笔画，今天，我就和大家一起来研究捺的写法。

这一联系物象，辨识基本笔画的复习环节不仅引起了学生的兴趣更是体现了我的设计意图：汉字起源于对实物的形状描绘，所以称为"象形字"。在书法史上，书法的创作，源于自然物态的模拟，或受到自然现象的启迪，是屡见不鲜的，由事物想笔画，可以让学生形象地感受到笔画的形态特征，透过物象更可以感受到笔画的神韵。趣由心生，味从情出。当学生从与物象的对比中感受到了笔画的情趣，习字就会成为一种内在的需要。

3. 用汉字本身的魅力渲染趣味的书法课堂

三年级学习"人"字的书写时，我跟学生说，"人"字在远古时代不是这样书写，它有自己的演变过程，你们想知道它之前是如何书写的吗？激起了学生求知兴趣后，我让事先准备好的学生给大家这样讲解：

《说文解字》中说："人，天地之性最贵者也。"也就是说，人是天地间品性最高贵的生物。我们汉字的"人"字最开始不是这样写的，他是长时间的慢慢演变来的，你们来看：这是古老的甲骨文，像是垂臂直立的动物形象。造字本义是：躬身垂臂的劳作者，地球上唯一会创造文明符号、自觉进化的动物。金文基本承续甲骨文字形。篆文突出了弯腰垂臂、脸朝黄土背朝天的劳作形象，像是双手采摘或在地里忙活。隶书变形较大，弯腰垂臂的形象完全消失。已经是基本笔画一撇一捺的组成的汉字。汉字"人"在不同的字体中的书写也是不一样的,快跟我来一起欣赏吧。

这是来自孔秋生造像里的楷书"人"字

这是赵孟頫的行书"人"字

这是怀素的草书"人"字

这是标准的宋体"人"字,常常在印刷制品中出现。

同学们,你们看"人"字从古至今的变化多有意思呀,"人"字结构特点是互相支撑、互相帮助。所以"人"字虽然只有两笔,写起来很简单,写好不容易,做好"人"更不容易。

这个环节我让学生来做小老师,站在大屏幕前给大家有模有样的讲"人"字的源流,引起了学生对我们古老汉字的好奇,也对演讲的同学心生羡慕。我的设计意图是这样的:通过字源的解说介绍,让学生了解汉字演变的过程,以及造字的本意,激发学生的兴趣,更从中向学生进行"人"性的教育,"人"字虽然只有两笔,写起来很简单,写好不容易,做好"人"更不容易。

二、合理巧设学而有序的书法课堂

古人说:"温故而知新",通过温习旧有的知识可以让学生有新的领悟、新的认识。这也通常是我书法课堂的第一环节。

例如:《左宽右窄的字》一课在学习新知方面分三步走:是我书法课堂的第二环节。

第一步:引领学习本课的新知"郑"字

通过多媒体课件出示"郑"字的结构图,让学生更加清晰的明确

"郑"字结构属于左宽右窄的特点。通过学生观察、分析、双钩、填墨、临写、示范等多种活动，加强学生对"郑"字的结构特点的体验，调动了学生参与学习的积极性，提高了学习效果。

第二步：采用小组合作学习的方式学习"剑、制"二字。

在浩如烟淼的汉字中左右结构的字占的比例很大，通过刚才分析"郑"这个字，你学会了分析这类字的方法了吗，试着分析下边两个字的结构特点，组内说一说。采用小组合作学习的方式学习"剑、制"二字，学生借助课件的辅助线，小组内分析这两个字的结构特点，软硬笔尝试书写，教师巡视辅导，组内互评，写的好的夸一夸，有问题的帮一帮。此环节会引入书法理论，让学生在古人书法理论的指导下学习，提高对传统文化的感受。学生通过前一个环节的学习，能够实践自己学到的分析左右结构汉字的方法，并发挥小组学习的优势，互评互赏，也让学生知道在学习上学会帮助和接受帮助。

第三步：自学"却、都"二字。

通过前面环节的引导体验和小组合作，学生积累了学写左宽右窄字的经验和方法，有了一定的学与写的能力，借助课件中的辅助线以及书中的书写提示，完成软硬笔书写，生生互评互赏，此环节检验了学生的学习效果。

第三大环节书写实践与课后延伸感受书法的艺术魅力。尝试用所学左宽右窄的字写一幅书法作品，以四个字的作品为例介绍书法作品的章法安排，横幅、中堂、斗方等。推荐从欧阳询的《九成宫醴泉铭》里进行集字，并感受书法家在处理左宽右窄字的方式方法。通过欣赏书法作品的章法安排，感受书法的魅力，体验书法的艺术美。

几个层次分明的教学环节的设计，引导了学生的学习，也为今后学生的学习习惯打下了基础，好的学习习惯是打造有序课堂的关键。

三、多种手段打造有效的书法课堂

1. 利用学生已有经验变"教"为"导"

三年级《捺》一课，学习写捺的环节，我没有直接教授书写方法，而是从形态入手而后笔法，做了如下的教学设计：

学习新知"捺"，我设计了如下的教学步骤：（1）教师用引导性的语言让学生观察"捺"，问：捺有什么特点？它长什么样？用你自己的语言描述。让学生能够说出：捺是倾斜的、起笔处细，行笔粗、收笔处尖这些笔画的形态特点。形态的分析是为了让学生能写出靠体（欧体）的字。此时也适时的告诉学生刚才分析的特点就是捺的形态特点。（2）利用学生已有的书写经验说一说，我们该如何写出捺的这些特点呢？学生能够说出起笔处用笔要轻，行笔慢慢加重，收笔可以用提笔出锋写出捺尖。这就是笔法的总结，为书写做了充分的准备。这其中对于刚刚接触软笔书法的三年级学生来说，学生的学科语言运用的比较到位。（3）培养学生的阅读与总结概括的能力。引导学生观察分析了捺的形态与笔法之后，适时的让学生去读书中书法家总结的书写"捺"的方法，不仅规范了学生的学科语言更激发了学生的学习热情，因为他们的分析总结与书法家的总结相差无几，老师表扬每个孩子都有做书法理论家的潜质，也是对学生的一种肯定和鼓励。通过这三个学习"捺"的步骤学生就牢牢的把捺的书写方法及形态完全记住了，接下来学生就可以自己去实践书写了。（4）把书写中遇到的困难说出来，比如：渐重不好把握，捺脚不饱满，入笔过重等，通过让书写比较好的学生先示范讲解之后，老师再示范讲解，解决学生在书写环节遇到的问题，教师的适时示范讲解解决了教学的重难点，学生再次书写捺这个笔画的时候一部分困难就迎刃而解了，当然想写好捺并不容易，不能急于求成，在具体的汉字中继续学习也是一个不错的方法。

2. 多种形式提高作业质量

每节书法课的提升拓展环节，我都会设计一些不同形式的作业，提升作业的质量。三年级学生在学习完"人"字后我展示了老师书写的"人"字团扇和扇面的书法作品，激发学生书法创作的热情，给学生介绍这两种书法作品纸的使用，鼓励学生用本课所学的"人"字，写一幅小的书法作品。最后让全班同学把写好的作品展示到黑板上，就像给学生开了一场小型的书法展览。看着自己的作品展示在黑板上，孩子们很兴奋。

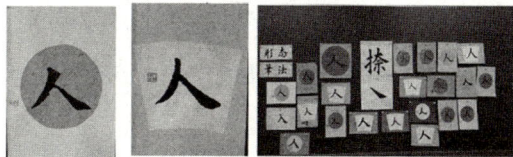

教学四年级《竖撇》一课时设计了这样的作业形式：书法课堂中的作业软硬兼施，用软笔的笔法练习书写硬笔字，会提高你的硬笔字书写水平并收到意想不到效果。

首先，老师给学生介绍硬笔书法作品纸，古代一种钱币的形状，这种钱币叫"布"，在这古色古香的书法作品纸上书写汉字，是否让你有一种与古人对话的感觉呢，赶紧拿起你手中的笔尽情的书写吧！硬笔书写每个汉字3～5遍，落款完成一幅硬笔书法小品。然后，实物投影展评学生硬笔书法作品，师生共评。优秀的书法作品，教师现场进行简单装裱，美化学生的书法作品，作为奖品回奖给学生。此环节的设计意图：使用古钱币形制的书法作品纸，并给学生进行简单装裱回奖给学生，意在激发学生学习书法的兴趣，老师的一句与"古人对话"让书法回归"她"古香古色的本真，也让学生沉浸在学习书法的乐趣之中。

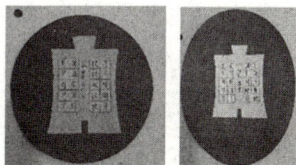

3. 走到学生中间的示范作用

例如：《捺》一课我在本课中的集体示范只有一次，略显不够，但是我把更多的时间留给了一部分学生，我走到学生中间去，有针对性的指导示范讲解也起到了很好的学习效果，坚持每节课都能走到学生中间去有针对性的辅导，对学生来说还是很有益处的，让学生能够近距离的看到老师的示范书写，得到老师的亲自指导，激发了学生的学习热情，让学生在书法课上学有所得。

4. 适时的回顾是对学生的鼓励

这个学期三年级同学的书法课上，我用多媒体展示了学生一个多月里学习书法的照片，孩子们从不会拿毛笔，到用毛笔画线，再到写小书法作品，孩子们每堂书法课都是收获满满，进步多多，学生看了自己在学习书法中的记录照片很是兴奋，从学生的兴奋表情中，我也深深觉得做一个善于捕捉和积累学生点滴进步的老师对学生而言是多么重要，他们通过老师的照片展示看到了自己的进步，一定会越学越自信。

5. 别出心裁的课后实践

书法课结束后我鼓励学生把书法运用到生活中去，除了在作品纸上写小作品，在秋天这个大美的季节里，大自然还给我们提供了天然的纸张，大自然馈赠给我们的每一片树叶都是一张无需去刻意裁剪的宣纸，在树叶上作书，既有习字的乐趣，又会给我们的生活平添无限的情趣，古人有怀素芭蕉叶上练字，今天，那些浪漫又有情趣的人在树叶上创作。让学生课后也动手写一幅树叶书法作品，或装裱成框装饰居室或塑封做书签馈赠好友。

让古老的书法艺术回归本真的生活中，让古老的书法扮靓我们的有品味的生活，激发学生学书法的热情，继承并弘扬我们的传统文化，从中体验到书法带来的不一样的乐趣。

书法的每一笔一画蕴含着人生的智慧。书以载道，书以载艺，通过有趣、有序、有效的书法课堂我们要让学生在了解中华民族历史及灿烂文化中增强民族自尊心和自信心，并对学生的艺术修养产生深远的影响，让中国的优秀的传统文化得以传承和弘扬。

（声明：本文属作者原创，绝无抄袭！）

多策略引导学生趣中动起来

北京市密云区大城子学校 赵国利　来金荣

（论文获北京市教育学会 2016 年一等奖）

一、案例背景

《义务教育体育与健康课程标准》（2011 年版）指出：以"健康第一"为指导思想，激发学生的运动兴趣，培养学生体育锻炼的意识和习惯。功夫扇是我校武术校本教材的重要内容，功夫扇的教学对以后学好武术器械方面起到很好的铺垫作用。功夫扇活动起来既美观又实用，还便于随身携带，在练习的过程中还能很好的消除学生对于武术器械的恐惧心理。本节课，教师采用多种策略，培养学生的运动兴趣，让学生在优美的意境中享受美的教育。

二、案例描述

铃、铃、铃！预备铃声响起。

准备上课，这时，有的同学看到了上节课学习的三个武术挂图和三个大大的问号。他们有的表现很兴奋（心想着又要学习新的招式）；有的一脸疑惑（心里准是在想，下面到底是什么呢？）；而有的同学正在充满期待的看着我（好像要从老师这里找到答案）。"别急，让我们先做好准备，答案马上就能揭晓，会给你们大展拳脚的机会！"伴着《武林风》和《中国功夫》的音乐，带领学生充分的热身。紧接着，学生看着挂图，用标准美观的动作复习了上节课所学的预备式、开扇、合扇。

抓住时机，教师取下了第一个大问号，当挂图一下子映入学生眼帘。他们有的聚精会神的观察着；有的看了看，嘴角露出了笑容；还有的已经跃跃欲试了……见到此情景，教师先引导学生仔细观察，说一说你到看到了什么？"老师，她是右弓步!" "她是用右手劈扇!" "她左手指向了后边。" "她的眼睛好像一直看着扇子呢!" ……教师当即对学生的表现提出表扬。紧接着教师引导学生重点看"劈扇"两个字，让学生自主讨论"劈"字的意义。自然的引出从合扇到劈扇的动作路线（右脚向剑指方向上步，成右弓步，右手打成立圆，向前劈扇，左手由下到上向后挑掌）。"你们真聪明!" "你们都是好样的!" 学生在教师巧妙的引导下通过分组、讨论、尝试、体验、合作等方式自主的进行劈扇学习。"前腿弓，后腿绷，腰立直，不放松。" 朗朗上口的弓步口诀帮他们把动作做的更标准。教师又及时帮助、引导学生提炼动作要领（右弓步，右劈，左挑）帮助学生能够更清晰的记住动作方法，更好的完成动作。接下来，点扇、亮扇两个动作教师如法炮制，只是逐渐增加了学习的难度，把课堂充分"还"给学生，让学生在自主、合作、探究的方式下学会劈、点、亮扇的动作方法。最后，教师运用集体统一练习、个人展示、一列一列逐一练习等多种方式复习所学动作。教师在学生练习的过程中恰当的对学生个人及集体作出评价。

还是那个熟悉的游戏：跟我一起来，巧妙的变换游戏的规则，利用多米诺骨牌效应，组织学生在圆上向里、向外一个接一个练习，不仅每个同学都能够看到其他同学的动作，又能深刻感受到游戏的快乐，最后走成斜一字，就像连续的多米诺骨牌一样，特别的美。最后，听着优美的《渔舟唱晚》音乐，大家一起翩翩起舞，教师引导学生进入意境，让学生在美的画面里结束本节课。

三、案例反思

1. 采用多种教学方式，激发学生运动兴趣

（1）音乐渲染，激发兴趣

"豪情在天，谁能与我争锋，青锋在手，谁能一剑屠龙……"这铮铮铁骨的歌词配上充满激情的音乐，一首《武林风》又怎能不让学生一听之下就有特别想动的那种感觉。学生的兴趣被激发了，他们就会自主的动起来，在跑的过程中充分活动学生的身体，巧妙的安排了开扇、合扇动作，不仅帮助学生做好充分的热身，也能很好的复习了上节课所学的内容。

（2）挂图展示，培养兴趣

一张优美标准的武术功夫扇挂图，既能给学生树立很好的榜样，又能帮助学生对比检查自己的动作；几张优美的武术功夫扇挂图，就能帮助学生记忆、感知几个动作的内在联系，让学生头脑中能够出现几个动作连起来的画面。最后还要让学生感觉到通过自己的努力，也有可能成为挂图上的示范者，从而培养学生运动的兴趣。

（3）口诀解析，提高兴趣

"前腿弓，后腿绷，腰立直，别放松。"朗朗上口的武术动作口诀，能够让学生在这紧张严肃的气氛中，也能发出自己"真声音"，很好的释放了学生内心潜在声音：我们可以一边说一边做，并且做的更好！事实就是如此，学生一边嘴上说一边自己做，一边嘴上说一边指导帮助他人做，效果非常好，解决了动作难点，从而提高了学生的运动兴趣。

（4）自主合作，保持兴趣

在学习的过程中，要让学生清楚的知道自己是学习的小主人，充分发挥自己的主观能动性。教师在此过程中巧妙的引导、帮助学生，让学生从观察入手，学会思考、讨论、尝试、小组合作，最后找到动作的行进路线，出色的完成动作。本节课教师把课堂"交还"给学生，让他们在这种轻松愉快的气氛中自主的进行学习，从而保持他们的运动兴趣。

2. 巧用多种审美教育，激发学生运动兴趣

（1）学会欣赏，审美激趣

美无处不在。从"别急，让我们先做好准备，答案马上就能揭晓，会给你们大展拳脚的机会！""你的声音洪亮，动作标准美观，老师为你点赞！"等生动的语言；到标准的劈扇、点扇、亮扇等动作；从一张优美的武术功夫扇的挂图；到这几张挂图的完美组合，处处都是一道美丽的"风景"。在课堂上，让学生发现美、感悟美、欣赏美。用一幅幅优美的画面，激发学生运动兴趣。

（2）用心创造，审美养趣

开启我们的智慧，让我们共同去创造美。从教师精心设计布置的活动场地；到课上师生标准美观的动作；到学习、争论、团结、合作的每个场景；再到一次次美轮美奂的队形变换；以及利用多米诺骨牌效应巧妙设计的游戏环节，教师和学生都在用心的创造着。实践证明，只要我们用心的去创造美，美就能带给我们快乐，快乐就能培养我们的兴趣。

（3）快乐享受，审美保趣

一幅幅美好的画面让我们感到快乐，尽情的享受着美。当优美动听的《渔舟唱晚》音乐响起，大家一起翩翩起舞，教师顺势引导学生进入意境：从铺画到写画、从写画到画画、从画画到绘画、最后到落款，过程是那么的有意境，那么的优美，让学生在美的画面里尽情的享受美的教育。其实，整节课我们一直在快乐的享受着美，让美保持着运动的兴趣。

3. 运用多种评价机制，激发学生运动兴趣

（1）自我评价，树立信心

在学习过程中，学生对自己在本课中的学习状态以及在集体活动中的表现进行自我评价，树立信心，自己给自己鼓劲。主要采用"嗨、嗨，我真棒！""我能行！"做一两个武术动作，如开扇等，对自己的进行评价。当然，在自己没有完成好的情况下，也可以为自己加油、鼓劲！

（2）同伴评价，提升信心

在分组练习过程中，学生之间根据自己及对方的表现，进行相互评价，提升同伴的自信心，给同伴加油、鼓劲。主要是在分组学习过程中，对本组成员作出最忠恳的评价，选出在本课学习过程中表现突出以及进步最大的同学，运用开扇动作，进行"鼓掌"表扬。

（3）教师评价，找到信心

在学习过程中，教师始终关注学生的学习状态，及时的给予表扬与鼓励，帮助学生找到自信心。教师主要通过观察、提问、个别辅导、语言激励以及对全班同学进行鼓励，运用手势、开扇等动作对学生的表现提出表扬，提高学生学习积极性，帮学生找到信心，培养他们的运动兴趣。

教师从技能、态度，参与、情意与合作三方面详细的制定评价量规。在教学过程中始终保持自我评价、同伴评价、教师评价三种评价方式相结合，让学生在激励、进取、愉快的环境中认真的学习，激发、培养、保持他们运动的兴趣。

有效指导让综合实践活动更高效

密云区檀营满族蒙古族乡中心小学　陶金金

（此文发表在全国发行刊物《综合实践活动研究》2016 年 10 月中）

《综合实践活动指导纲要》中指出"小学综合实践活动的实施在坚持学生自主选择、自动实践的前提下，强调教师对学生的指导。"综合实践活动强调学生是活动的主体，强调以学生的经验与生活为核心，是学生自主性的教育行为，有效实施离不开教师的有效指导，教师的有效指导是学生顺利有效开展综合实践活动的前提。

把时间交给学生，把空间留给学生，让综合实践活动成为学生自主探究学习的舞台，发挥教师的指导作用。以综合实践课程《满族服饰》为例，学生在制作过程中遇到的问题，谈谈教师如何针对性的给予学生有效的指导。

《满族服饰》课程中教师引导学生进行自主选题，学生分别选择了自己感兴趣的子课题，分别是旗鞋、旗头、图案、配饰、样式、长袍六个课题，学生通过大量的资料搜集，确定呈现方式，学生在制作过程中遇到各种问题，教师始终以伙伴和向导的身份帮助学生解决制作中的难题。运用多种方法策略解决问题，根据学生遇到的不同问题采用不同的策略进行指导。

一、实物——逆向分析，局部分解

在综合实践活动中，教师引导学生去探究、去经历、去感受，做到动手动脑。通过实践研究，提供学生不同获取知识的方式和渠道，推动学生了解研究实践主题。放飞思维，拓宽探究制作方法，从而促进学生综合素质全面的提升。

在制作活动中，长袍组方案是通过布料制作长袍走秀呈现本组的研究成果。首先是选料，小组同学去布店精心挑选布料，选择了带有满族特色图案的布料。学生缝纫制作已有的认知仅仅是制作沙包。如何制作合体的衣服呢？给学生带来挑战。

对于服装剪裁制作，老师和学生制作经验都很少。面对学生大胆创新的想法，老师和同学商讨决定利用实物观察来突破这个难题。老师带领学生找来一件满族的长袍，观察分析特点。通过对长袍看一看、摸一摸、比一比、量一量，充分感受长袍的特点。并根据长袍的平铺面特点，绘制长袍的平面手稿，让长袍的制作有所依有所据，使长袍的制作切实可行。尝试利用不同的手段将实物的作用发挥最大化，采用局部分解，将实物小心的一步步拆开，观察缝制的位置，缝制的针法特点，分析留作缝的多少。

要想让长袍穿在身上，必须要适合学生的体型。同学像裁缝一样，对本组同学量体裁衣，为本组同学量肩宽、量腰围、量袖长、量身高等尺寸进行记录。这样采用实物的"零"距离分析研究，学生反复观察分析。在自我研究中解决制作中遇到的问题。

旗头小组的同学采用同样的方法，分析旗头实物进行观察，发现旗头可分为支架、旗板、花卉、装饰品、旗穗。小组同学把旗头分解以后，分工协作，选用不同的材料进行制作。利用废旧的纸板做成旗板，利用布料制作成花卉，利用毛线制作成旗穗，由于满族时期女性都梳旗头固定的发型，现在人已经不梳这样的发式了，怎样固定旗头呢？小组同学经过商讨，尝试多种方法之后，他们选择生活中做常见的方便面桶作为底座，有效解决了这个难题。最终小组同学组合出一个漂亮的满族旗头。

方法很重要，好的方法使难题已经解决了一半，在实践过程中培养学生发现问题、解决问题的能力非常重要。如：学生在缝制凤袍时，凤袍的下摆和袖口部分采用的是拼接的方法，当学生兴高采烈的缝制完凤袍时，发现下摆部分反了，学生再次的观察分析实物，找到的解决问题的方法，要把衣服翻过来缝，要缝制衣服的里面，这样制作的衣服不会正反颠倒，也不会露出线脚。

"授之以鱼，不如授之以渔"这是我们一直遵循的课改理念，让教师的有效指导在综合实践中发挥重要作用。

二、示范——分段着力，同学效应

示范是每一个教师常用的一种方法，教师的示范要准确把握时机。恰到好处的示范，既能让学生掌握基本的操作技能技法，又能让学生的创新思维得到充分发展。示范有很多种，师生配合示范，让学生参与到示范中，边讲解边示范，学生会有很大的参与感；学生独立示范，让学生探索后，找学会的学生进行示范，学生会有很大的成就感。

在《满族服饰》制作过程中，教师就采用师生共同示范的方式，有效地解决了学生在制作过程中遇到的问题。服饰样式小组，初步确定利用软陶人偶展示研究成果。学生在劳技课上已有一定的软陶基础。但在制作过程中，又遇到了新的挑战——技术问题。先寻求软陶小组同学的帮助，学习软陶人偶的技法之后，将小组研究的满族坎肩特点，表现在软陶人偶上，设计一个身穿一字襟坎肩的人偶贝勒，一个身穿斜襟坎肩的人偶格格。在制作中，发现又大又重的旗头支撑不住，小组同学根据已有制作的经验给予建议，利用纸板在里面支撑的小技巧，以学带学完成人偶制作。这样的学生示范，有助于提高学生接受能力。学生更愿意接受身边同学的榜样，觉得更容易模仿和沟通，而且年级越高越倾向同学效应。在制作人偶的眼睛时，怎样表现出人偶的神韵，小组的同学带着这个问题找到教师。教师进行了示范演示，将小技巧教给了学生。在黑色眼珠上镶嵌小的亮光点，用牙签扎一个小眼再镶嵌小的亮光点，也就是高光，这么一个简单的小技巧，人偶的眼睛就有神了。

教师的示范帮助学生更直观的学习，有效地降低学习的难度。师生配合示范，学生会有很强的参与感，当能够解决遇到的问题，学生会更乐于学习。

三、迁移——融会贯通　经验应用

当课堂所学内容能够在实际生活中得到应用时，学生会真切地感受到知识的真谛与魅力，学到的知识不会成为空洞概念的堆积物，学习就会变得更有意义。知识的迁移有许多层面，在具体的课堂教学环节中，多联系学生丰富多彩的生活，实现教学"回归生活"的教学策略。

满族服饰使用的图案和其身份地位有很大关系。不同官员及宗族衣服上的图案就不尽相同。图案小组利用补服图案，来呈现满族服饰图案的文化内涵。

1、温故知新　材料转换

在文化衫上直接绘画出补图图案。在这个实施过程中，同学们遇到的第一个问题就是：长久保留图案需要什么材料？首先是材料的选择，同学们在美术课上接触过多种绘画媒材，有水彩笔、国画颜料、水粉颜料、水彩颜料、丙烯颜料等等。在绘制过程中发现不是所有材料都适合，哪种材料持久不褪色，于是他们进行了实验，最后发现水彩笔、国画颜料、水粉颜料、水彩颜料，经过洗涤后，都会有不同程度的掉色，影响衣服的美观性。同学们发现丙烯材料具有不怕水洗、干得快，易于掌握的特点，但是以往都是画在纸上、板子上易于绘画，在柔软的布上绘画，却发现很难掌控，效果也不是太好。

本组同学想到了他的好朋友喜欢画漫画，而且以前曾经 DIY 过自己的白布鞋，向他进行了请教，发现了一种既不掉色又好掌控的媒材——马克笔。采用了这种材料进行了绘制。材料解决了，但在绘画的过程中，又出现了问题。贝子的补图是个圆形，在衣服上画出特别规整的圆形很不容易，圆规又小，他们灵机一动，想到了我们在国画课上调墨用的盘子，直接扣在衣服上，大小刚刚好。但是马克笔容易渗透到衣服的底层，怎么解决新的问题？有的同学直接把桌子上的塑料垫板垫在两层衣服中间，这样问题解决了。俗话说："三个臭皮匠，顶个诸葛亮"说得非常有道理。小组合作完成了贝子的补服图案蟒。

2、经验迁移　布贴秀法

利用现有的图案缝制在文化衫上。满族的补服是将图案缝制在衣服上而产生的。学生把在劳技课程上学过的补贴秀迁移过来，学生在布料上找到满族服饰代表性图案龙、凤。将图案剪裁下来，利用在劳技课学的锁针针法，把图案缝制在文化衫上。这种方法简单易行，而且缝制效果精美。

3、举一反三　镂空漏印

利用刻好的镂空板喷绘在文化衫上。呈现方式独特，而且有一定的难度。在美术、劳技课程当中，学生都学过刻纸，刻镂空板是学生已有的知识，但是若要刻出可以在衣服上喷绘的镂空板，就不是简单的事情了。

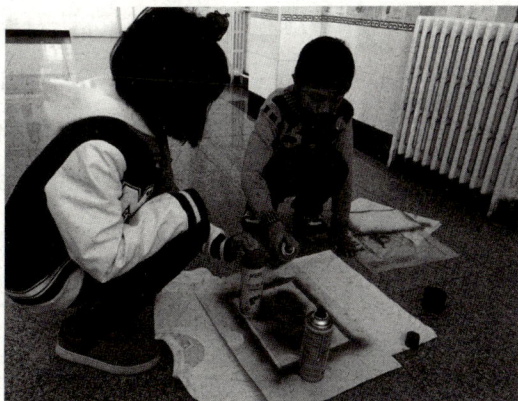

以往刻纸都是阴阳结合的方法来制作，学生找到的图案镂空以后，发现自己刻的都掉了下来，不是一个完整的图案，小组同学商讨后，决定采用阴刻的方法。同学们经过实践操作，发现了新问题，图案特点不明显，虽然不会断开，但是看不出是什么图案了。带着问题去找劳技老师进行请教。通过老师的指导，学生发现在这个过程中有一个细节，就是不能将图案全部刻掉，要有一些连接的地方，采用全阳刻的方法来制作镂空板，将断开的地方加上小的连接线，做到线线相连，这样才能保证图案的完整性。所以学生要对刻制的图案进行整理，同学们经过讨论总结出，图案阳刻为主阴刻为辅，适当连接图案就完整了。通过老师的指导，学生最后成功的刻出了镂空板。

在喷绘过程当中遇到了新问题，喷的不均匀，容易喷到衣服其他地方。于是去请教美术老师。通过老师的小技巧，比如喷的高度和力度，使用遮挡的板等等，最终成功。学生们通过自己大胆的设想，挑战了自己，体验到了收获的成功。

在《满族服饰》这一综合实践过程中，学生通过不同的途径进行自主发现、自主探究、自主学习，在实践过程中采用不同的策略解决遇到的问题，提升了综合实践能力。在整个过程中，主动权、决定权留给学生，最大化的发挥学生主体的作用，教师发挥引导、指导的作用，有效的指导对学生综合实践起到画龙点睛的作用。

综合实践中教师的角色是顾问是向导。归根结底是由学生自己去策划、去展示。这就要求教师想方设法要让自己的指导更加有效，并把有效的指导与鼓励让学生自主选择、自主探究有机结合起来。给综合实践插上飞翔的翅膀，让学生在综合实践活动中不断成长！

在实践活动的沃土上绽放语文学习之花

——学生核心素养培育下的实践活动研究

北京市密云区教师研修学院　徐娜

此文获得 2018 年 5 月北京市教育学会教学论文评选一等奖

内容概要：纵观小学语文教育教学发展，探寻语文教学规律，结合新时代特点，在培育学生核心素养的背景下，积极、扎实、有效地开展实践活动是其中的一条途径，而且是有无限发展前景的途径。"学生核心素养培育下的实践活动研究"是语文学习规律的体现，是学生学习现状的需求，是时代发展速度的要求。可以从"立足语文课堂　由课内到课外"、"拓展语文课堂　由语文到各学科"等方面设计资源整合的实践活动。除此之外，研究中的不足和困惑也为下一步实践研究提供了新的课题和方向。

关键词：实践活动，核心素养，拓展整合

"建设教育强国是中华民族伟大复兴的基础工程，必须把教育事业放在优先位置，加快教育现代化，办好人民满意的教育。"这段在十九大报告中关于发展教育事业的表述，提出了教育发展的新征程。同时，作为基础教育工作者也在思考：如何加快教育现代化？怎样办好人民满意教育？纵观小学语文教育教学发展，探寻语文教学规律，结合新时代特点，在培育学生核心素养的背景下，积极、扎实、有效地开展实践活动是其中的一

条途径，而且是有无限发展前景的途径。笔者作为一名区级小学语文研修员，在集体视导、跟踪视导、组织研修活动的过程中，不断学习和实践，围绕"学生核心素养培育下的实践活动研究"这一主题有些自己的想法和收获，以期能抛砖引玉。

一、寻根溯源　践行实践活动的意义和价值

黎巴嫩著名诗人纪伯伦的名言：我们已经走得太远，以致于忘了当初为什么而出发。诗意地表达了出发目的的重要性。同样，任何一项教育教学实践前对意义和价值的追寻也尤为重要。那么"学生核心素养培育下的实践活动研究"有哪些意义和价值呢？

（一）语文学习规律的体现

《义务教育语文课程标准》（2011年版）对语文课程性质、基本理念、设计思路、总体目标和学段目标作了原则规定，是小学语文教师最熟悉、最具指导意义的纲领性文件。其中，"语文课程是一门学习语言文字运用的综合性、实践性课程。""语文课程应注重引导学生多读书、多积累，重视语言文字运用的实践，在实践中领悟文化内涵和语文应用规律。"等等内容都是大家耳熟能详的。

当我们静下心来再次思忖，为什么多处提到"实践"这一词呢？笔者认为，这是学习规律的体现。我国古代对学习有很好的论述。《论语》说："学而时习之。"学和习是两个既有联系、又有不同的概念。学是获得知识、技巧和能力；习是复习、练习、巩固掌握知识、技巧和能力。《中庸》把学习分成五个步骤：学、问、思、辨、行。无论哪个步骤都需要学习者自身的参与，参与的过程也就是实践的过程。

学习本身如此，语文学习同理。

（二）学生学习现状的需求

十九大报告提出，中国特色社会主义进入新时代，我国社会主要矛盾已经转化为人民日益增长的美好生活需要和不平衡不充分的发展之间的矛盾。这是一个非常重要的观念转变，那么，当下学生学习上的主要矛盾是什么呢？依笔者通过一次次的调研和深入课堂，分析种种现象看来，学生日渐增长的对未知领域的学习渴求以及对活动实践的热切盼望，与语文课堂开放、自主不平衡不充分之间的矛盾，就是当下学生的学习现状。学生在语文学习过程中，心不在焉、左顾右盼、心浮气躁等现象时常有之，是学生厌恶学习吗？是学生不尊重教师吗？是学生想浪费时间吗？都不是，根源在于学生有更高、更广、更强烈的亲身参与实践的需求，而没有得到满足。

改变这一现状的其中一条途径仍旧是"实践活动"。

（三）时代发展速度的要求

《北京市基础教育部分学科教学改进意见》中：第十八条　加强教学和社会实践的联系，将不低于10%的课时用于以语文应用为主的综合实践活动，发展听说读写能力。《北京市实施教育部〈义务教育课程设置实验方案〉的课程计划（修订）》中：第二条　要关注课程的整体育人功能以及学科内、学科间的联系与整合，加强综合实践活动课程的开发与实施，大力培育和践行社会主义核心价值观。两份重要文件对"实践活动"有了明确的指向，是巧合吗？不，这是时代发展速度的必然要求。

有人形象地比喻：我们现在的时代发展，已经由"黑白电视机时代"跨越到了"iPad 时代"。是呀，如果我们的语文课堂还只是将学生"关"在教室里，仰面听老师一人滔滔不绝地讲授，已经不能适应时代的发展。

时代，呼唤着建设开放而有活力的语文课程，"实践活动"是其中一条有效的途径。

二、真抓实干　践行实践活动的途径和策略

中华民族的伟大复兴，不是轻轻松松，敲锣打鼓就能实现的。对学生核心素养的培育同样如此，只有真抓实干，才能够寻找到更适合学生学习和发展的途径、策略。

（一）"立足语文课堂　由课内到课外"资源整合的实践活动

《不跪着教书》这本书中，吴非老师在"序"中说："想要学生成为站直了的人，教师就不能跪着教书。如果教师没有独立思考的精神，他的学生会是什么样的人呢？"这段话发人深省。要践行实践活动，首先要立足语文课堂，逐渐由课内到课外进行资源整合。

如北京市义务教育课程改革实验教材第6册《肥皂泡》一课，教师在课前，组织家长、老师和学生共同参与的"快乐吹泡泡"活动，让学生亲身经历游戏的过程，丰富情感体验，为课上文本的学习、习作的修改奠定基础。在课中，借助课内与课外的融合自然亲近文本，借助学生的实践体验理解内容，体会情感，领悟写法，借助"做"中所见，"学"中所悟，用文字及时记录，实现从读写结合的"点"到读写互促的"面"的提升。学生在课堂上书写下的不单单是游戏中的见闻，更是快乐生活的点滴，幸福童年的留念。在课后，阅读冰心的文字，真的犹如一池春水，风过后，漾起锦似的涟漪。以《肥皂泡》为走进作家冰心的起点，通过作品导读、亲子阅读、交流分享等实践活动，将学生的阅读空间引向更广阔的天地，从而让书香浸润学生的心灵和人生。

学生由亲身实践吹泡泡，到读冰心奶奶小时候吹泡泡的情景，再到借助语文学习经验自由表达吹泡泡的欢愉。由课外到课内再到课外；由体验到理解再到表达。学生的实际获得是颇丰的，语文学习过程是有趣的。

（二）"拓展语文课堂　由语文到各学科"资源整合的实践活动

肖川教授在《教育的理想与信念》这本书中谈到：在狭隘的学科观念背景下，过分地局限于本学科知识与内容，不仅会禁锢教师自身思想的自由驰骋，也不利于我们培养视野开阔、才思敏捷、具有雄浑浩博的哲学气质的人才。所以，为了打破学科间的壁垒，培养视野开阔、才思敏捷、具有雄浑浩博的现代型人才，以不同主题，穿针引线，促进学生的开放性学习、综合性学习。

1. 以学生生活经验为主题的实践活动

早在两千多年前，我国古代教育家、思想家孔子就说过："不观于高崖，何以知颠坠之患；不临于深渊，何以知没溺之患；不观于海上，何以知风波之患。"孔子的话形象生动地阐明了知识与生活实践之间的关系。密切结合学生生活经验的主题实践活动是最具生命活力的。

如学生无意中发现校园中的小叶黄杨一边长得茂盛，而另一边相对稀疏，于是学生就去请教科学老师。因为教师们有了"主题实践活动"的意识，所以，不同学科教师就围绕"小叶黄杨的生长秘密"这一主题设计了实践活动。

教师们充分调动学生的积极性，鼓励学生上网查资料，采访有种植经验的园艺师，通过仪器测量和观察，通过实践、思考、记录、辨析自主获取答案。语文教师借助这一主题，引导学生写观察日记，撰写实验报告并且组织交流和分享，关注谁通过语言文字把自己的观察准确、详细、全面地展现出来？谁表达得有新意？谁能够主动运用平时积累的语言素材？

这一由学生的生活经验引发的实践活动是有趣的，是有效的，对学生语文素养的培育是水到渠成的。

2. 以时令节日为主题的实践活动

中华民族历史源远流长，传统文化博大精深，它足以使每个中国人引以荣耀和自豪。了解时令、节日的文化内涵，也是对学生渗透社会主义核心价值观的有效途径。

如在古老的传说中，春分这天最容易把鸡蛋立起来。据史料记载，春分立蛋的传统起源于4000年前的中国，以庆祝春天的到来。各地民间流行的"竖蛋游戏"，这个中国习俗也早已传到国外，成为"世界游戏"。一些语文教师有敏锐的眼光，在春分到来之前，激发学生探究的欲望，以"鸡蛋会立起来，是真的吗？"为主题设计实践活动。

因为学生有了自主学习、亲身实践、观察思考的过程，所以，呈现出来的习作非常真实、有趣。例如，有位学生是这样表达的：

今天是春分。据说，这一天最容易把鸡蛋竖起来，其中还有一些科学道理。据专家介绍，春分是南北半球昼夜均等的日子，呈 66.5 度倾斜的地球地轴与地球绕太阳公转的轨道平面刚好处于一种力的相对平衡状态，很有利于竖蛋。听说春分竖蛋这个游戏早在 4000 年前就已经出现了，我想：古人玩的游戏肯定是高智商的游戏，我也想和古人擦出智慧的火花。

我的竖蛋行动开始了。我先拿出一个一头较大一头较小的鸡蛋，把较大的一头放在桌子上，刚放平稳就立刻松手，就这样试了几次，还是以失败告终。妈妈看到我这样竖蛋，不禁笑了起来："你这样立肯定立不起来，突然松开的同时会有风，如果鸡蛋立住了也会被吹倒。"我结合刚才的经验，听了妈妈的分析，自己又有了一个想法：我们的手拿东西靠的是指纹产生摩擦力，那鸡蛋立起来会不会是同样也靠的摩擦力呢？于是我想到了一个新的方法，放在餐巾纸上，会不会更容易一些呢？因为纸巾的摩擦力要比桌子更大一些，我试了试，还是立不起来，我又想了想妈妈说的话，于是我便一点一点的立，果然立了起来，我高兴坏了！

笔者想，此时高兴的不仅是学生，更是肩负着立德树人任务的教师。

除此之外，多学科甚至是超学科的主题实践活动还有很多。例如，以学生有兴趣的事物为主题，以社会中的热门话题为主题，以学科知识概念为主题，以地域资源利用为主题等等，各种主题殊途同归，都是通过实践活动这条途径达到对学生核心素养的培育。

三、扎根实践 践行实践活动的思考和方向

任何一项实践都不会是一帆风顺的，在这项研究的过程中，同样存在着需要进一步思考和完善的地方。如：基于小学生的身心特点，教师面临着既不能多管亦不能不管的两难局面；实践活动还缺乏顶层的整体设计；学生在实践过程中，较难保证全员充分参与等等。这都将是下一步实践研究的新的课题和方向。

诗云："行百里者半于九十。"学生核心素养培育下的实践活动研究还

将继续，脚步也会更加坚实。

参考文献：

［1］中国学生发展核心素养课题组．中国学生发展核心素养．（中国教育新闻网 http：//www. jyb. cn/）

［2］《义务教育语文课程标准》（2011 年版）中华人民共和国教育部制定

［3］语文课程知识初论/韩雪屏著．南京：江苏教育出版社，2011. 12 ISBN978－5499－1086－1

［4］有效教学十讲/余文森著．上海：华东师范大学出版社，2009 IS-BN978－7－5617－7084－9

基于活动设计，关注学生实际获得，落实核心素养培养

——浅析品社学科提高教学实效性的方法与策略

密云区教师研修学院　王艳军

本文获 2017 年教育科学院研究院基础教育教学研究中心论文评优一等奖

摘　要：中国学生发展核心素养总体框架即一个核心、三大维度、六个核心要素、十八个基本要点。它的构建使学生发展的素养要求更加系统、更加连贯。小学品德与社会作为学校德育教育的主渠道，对学生进行核心素养的培养，有利于学生形成正确的世界观、人生观、价值观。为此如何在学科教学中落实核心素养的培养成了课程改革面临的问题。

关键词：活动设计，学生实际获得，核心素养

正文：

中国学生发展核心素养，主要是指学生应具备的，能够适应终身发展和社会发展需要的必备品格和关键能力。核心素养是关于学生知识、技能、情感、态度、价值观等多方面要求的综合表现；是每一名学生获得成功生活、适应个人终身发展和社会发展都需要的、不可或缺的共同素养；其发展是一个持续终身的过程，可教可学，最初在家庭和学校中培养，随后在一生中不断完善。

教育部基础教育二司司长郑富芝说："构建核心素养重点要解决两个

问题，一是把对学生德智体美全面发展总体要求和社会主义核心价值观的有关内容具体化、细化，转化为具体的品格和能力要求，进而贯穿到各学段，融合到各学科，最后体现在学生身上，深入回答'培养什么人、怎样培养人'的问题。二是为衡量学生全面发展状况提供评判依据，引导教育教学评价从单纯考查学生的基本知识和基本技能转向考查学生的综合素质。"

而作为在小学阶段开设的品德与社会课程，是以学生社会生活为基础，以品德教育为核心，以文明行为的养成为重点，促进学生社会性发展的课程。学科综合性、思想性、开放性、社会性和实践性的特点使得它有计划地、生动地帮助和指导学生参与、适应社会生活，在促进学生以良好品行形成为核心的社会性发展方面具有独特的作用。

为更好地落实品德与社会课程的育人目的，发挥课程价值的最大化，笔者从联系学生实际，设计教学目标，引导学生探究，注重课内外结合等几方面入手进行活动设计，关注学生实际获得，落实核心素养培养等方面，并取得了显著效果。

一、联系学生生活实际，设计游戏表演，落实核心素养培养

小学品德与社会是一门综合性极强的学科，它对多个学科的内容进行了整合。在教学上注重学生的实践性，强调联系社会现实，强调学生的社会实践和亲身体验，强调课前、课后活动相结合，体现教育的连续性。所以教材在内容编写上把儿童当做主角，设计了一系列孩子成长过程中会遇到的问题和烦恼。另外小学生的年龄特点决定了他们对社会的理解是对真实社会的体验。

因此，笔者认为，在教学实际中应努力走进生活，贴近学生，设计有趣的游戏表演活动，营造自由、民主、愉悦的课堂气氛，让学生与教材中的孩子一起面对并解决这些问题和烦恼，共同享受成长的幸福。

例如：四年级上册品社课第四单元第三主题《珍惜时间》，为了让孩子能够合理利用分配好自己的时间，教会孩子做时间的主人，所以利用 ipad 设计了"时间饼"的小游戏。将一个圆平均分成 24 份，代表 24 小时。每份以 1 小时为单位。游戏中出示一些学生生活中常见或者常做的事情，然后孩子根据做事情的时间，在"时间饼"上去选择。这款游戏有两个优点：一是在这个游戏中，场景的设计为了能照顾到每一个孩子，做到面面俱到，"时间饼"设计了留白，孩子可以打字填写上自己一天中所做的与众不同的事情；二是如果发现自己对 24 小时管理不够称心，可以调整以达到最满意的安排。

这个小游戏的设计，不仅考虑了孩子的个性，强调了"管理好时间，做时间的主人"的重要意义，还培养了孩子认真做事、态度严谨和追求完美的意识，可谓"一举多得"。

课堂教学中游戏的设计可能更多的适合低中年级，但是在高年级表演同样也乐于被孩子接受和喜欢。

例如：五年级品社上册第三单元第四主题第二课时《神奇的中医药》一课，学生创编了情景剧《扁鹊见蔡桓公》。穿着历史人物的服饰，说着历史故事的语言，外加惟妙惟肖的表演，让孩子们从情景剧中知道了扁鹊为什么能够知道"君有疾在腠理，在肌肤，在肠胃"是什么情况，并能提出治疗的方法，以至于"在骨髓"为何无药可医。

通过这样一个情景剧表演，让孩子理解了中医"望闻问切"四诊法，并知道了病在不同阶段可以采用哪些疗法。这个环节的设计要比老师空洞的说教讲解或者学生看文字了解更形象生动，更能吸引孩子，调动孩子学习的兴趣。

小学生的好动、活泼、模仿是天性，所以品德与社会课教学中采用表演、游戏等形式，让学生在轻松、愉快的气氛中领悟道德观点，激发道德情感，提高道德判断能力，落实核心素养的培养。

二、以教学目标为基础，进行讨论交流，落实核心素养培养

教学目标是课堂教学的根基，在学情分析的基础上制定准确完善的教学目标并能够让学生围绕教学目标进行讨论交流，在参与中展示自我，不仅能够发挥学生的主观能动性，让每一个学生都产生积极表现自我的欲望，而且还能在课堂上为学生营造民主、和谐、热烈的课堂氛围，提高教学实效性。

例如：六年级品社下册第二单元第一主题第二课时《空前的浩劫——第二次世界大战》，首先站在孩子的角度将本节课的教学目标制定为：

知识与技能

1. 学生通过看书初步了解二战的基本情况，了解法西斯的暴行及世界人民反法西斯战争的胜利；2. 学生通过对所搜集的资料以及教师提供的视频、图片进行整理，深入探究二战爆发的原因，理解"什么是法西斯"等，解决教学难点。

过程与方法：在探究学习、小组学习中，通过小组合作以及对信息的收集、整理，提高获取信息，综合分析问题的能力。

情感、态度价值观：通过视频和图片等资料，感受第二次世界大战给人类带来的苦难，感受和平的美好，树立热爱和平、远离战争的意识。

为了更好地落实教学目标，进行核心素养培养，笔者组织学生观看了纪录片《二战风云》。整个纪录片内容涵盖了二战的背景、时间、交战国家、战争结果以及战后损失和赔偿等多方面信息，孩子看过后可以轻而易举地完成知识目标的学习。而为了更凸显情感目标的落实和培养，课的最后一部分组织学生讨论两个问题：一是法西斯国家实力那么强大，为什么最终却失败了？二是今天世界格局已经凸显，煞有风云再起的趋势，人类该如何避免重蹈覆辙，维护和平？

"一石激起千层浪"。在整个自由讨论过程中，因为影像资料已经生动地再现了历史，牢牢的印刻在学生的脑海中，学生讨论时充分表现出主动参与的积极性，课堂上一改往日教学的沉闷，教学气氛浓烈。而教师在整个课程中只起到点拨作用，也卸下了沉重的教学负担。

我们成人都知道：只有真史才能醒世。第二次世界大战是迄今为止人类历史上规模最为宏大、战斗最为惨烈、影响最为深远的战争。几十年来人们一直在探索二战历史，以警醒当今世界避免重蹈覆辙。而孩子就是未来世界的主宰，只有让他们清楚的认识历史，才能让他们将来能够更好地适应社会，发展社会。

三、引导学生主体探究，组织思维辨析，落实核心素养培养

学生的道德认识不能只局限于课本，有时必须通过活动拓展认识，深化明理，而开展课堂辩论，是达到这一目的的有效方法。

在品社课教学中，教师通过创设道德认知冲突或抓住学生的认知冲突，让学生采用辩论的方式解决问题，有利于激发学生的学习兴趣，使学生积极思考，主动探究，在辩论中深化明理，提高道德判断能力和道德行为能力。

例如：六年级品社下册第四单元第一主题《珍爱生命 热爱生活》第二课时《爱惜自己的生命》一课最后，笔者结合实际情况出示本区发生的一个真实案例：四名初中生放学后吃过晚饭到潮河边玩耍，其中一人不知何缘故滑入水中，其他三人立刻扑救。但因为河边湿滑，河道很宽，河水很深，导致扑救的三人一同滑入水中，最终只有一人生还。

案例出示后，直接就让孩子思辨：该不该救人？由此引导树立"根据自身能力做力所能及的事情"的意识，让学生在问题冲突中感悟自我，提高学生明辨是非的能力。

组织思维辨析必须有矛盾冲突，只有这样才能使学生树立正确的道德观和世界观，落实核心素养的培养。另外尊重学生主体地位，尤其是突出教师学生相互之间、互动学习资源的互补作用，以及重视学生各自经验方法的个性化介入，允许学生自主学习和各抒己见，放开了学生思维的翅膀，使学生个性化的学习品质和创新意识有了发展的时空。

四、注重课内课外结合，组织实践活动，落实核心素养培养

品社课的教学应注重课堂明理，课外导行。在教学中，除了课内教学、校内训练外，还要有意识地抓住各种教育时机，组织学生主动地、愉快地进行实践，从而获得丰富的感性认识，有利于知行统一，形成道德评价的能力，促进道德素质的提高，落实核心素养的培养。

例如：三年级下册第四单元第四主题《爱护公用设施我有责》，可以与学校德育活动相结合，组织孩子走进社区，对社区内的公用设施进行清洁和维护，尽到做社区小主人的职责；如四年级上册《学寄一封信》，可以与学校区域性实践活动相结，组织孩子走进邮局，了解邮政人员的辛苦，亲身体验邮寄信件的过程；还例如六年级上册第三单元第四主题《保护共有的家园》，可以让孩子以志愿者的身份参加"守护碧水蓝天，建设生态密云"的实践活动，为家乡密云做出贡献等等。

我国著名教育家陶行知强调"做、学、教合一"。他说："先生拿做来教乃是真教；学生拿做来学，方是实学。"品社课的实践，就是"做中学"的一种体现，促进儿童由"知"向"行"转化，知行统一。

学生是学习的主体，学生品德的形成和社会性的发展，是在各种活动中通过自身和外界的相互作用实现的。教师通过设计丰富的、灵活的、直观的、开放的学习形式，给学生大量动脑、动手、动口的机会，让课堂活起来，让学生动起来，既强化学生的主体意识，又提高学生的主体参与能力，从而提高品德与社会教学的实效性。

资料参考：

1. 《奠基，从品行开始》上海市小学品德与社会学科育人价值研究课题组

2. 《浅谈小学品德与社会教学》高海兰

3. 《核心素养解读》姜亦林

4. 《品德与社会课程标准》2011版

立足生活，关注体验，让品社课"活"起来

密云区太师屯镇中心小学　王亚玲

本文获 2017 年北京市基础教育科学研究论文一等奖

内容提要：新课程观要求教师要把"以教论学"转变为"以学论教"。学生知识的获得单靠教师的灌输、单靠学习书本上的知识是不够的，所以在进行教学活动中，我尽量把学生的目光引到课本以外的、无边无际的现实生活世界中去，从而引导儿童认识生活，积累生活经验、发展能力，热爱生活、学习做人。在具体的教学中，我想应注意做到以下几点：一、向生活中探索；二、从生活中体验；三、到生活中实践；四、由生活中感悟；五、在生活中生成。

主题词：探索　体验　实践　感悟　生成

正文：

《品德与社会》课程标准明确指出：《品德与社会》课程是以儿童的社会生活为基础，促进学生良好品德形成和社会性发展的综合课程。这一课程理念倡导品德与社会课教学要以儿童的生活为主线，以儿童丰富多彩的实际生活为内容，以密切联系儿童现实生活的活动为载体，以儿童的整个生活世界为教学空间，让他们在生活中探索、实践、体验、感悟，从而形成良好的品德行为习惯。

一、向生活中探索

所谓"探索"，本文是指培养学生的自主探索意识，引导学生开展科学探究学习活动，在生活实践、动手操作中发展学生的情趣和技能，提高学生实际生活的本领。那么教师必须是学生学习的促进者。虽然教学内容是教材安排的，但学习应该是学生自觉参与的。要让学生通过感觉、发现、探索和领会内在的活动内容来完成学习过程。因此教师的教学行为不应是把大量的时间放在组织教案和讲解上，而应为学生提供各种资源，引导学生自己探索学习的方向。

在教学《集体团结力量大》这节课时，根据低年级儿童喜欢玩游戏的特点，我先开展了"折牙签"的游戏，让学生和一根，一小把牙签斗一斗，学生在游戏中体会到了"人多力量大"的道理。可是"人多一定力量大"吗？对于这个深层次的道理，我没有直白的、生硬的塞给学生，而是引导学生开展了"合作取珠"的游戏。当游戏由于"组员间的不合作"而被迫中止后，我引导学生分析：游戏为什么进行不下去了？我们应该怎样做才能成功？同学们七嘴八舌地说出"游戏玩不下去"的理由后，处于情绪中的孩子更强烈地体验出团结还需要合作，合作将会让集体的力量更加强大。这样，通过有梯度的活动开展，学生一步步地探索，领悟的道理由浅入深，思想教育也一步步升华。

二、从生活中体验

建构主义认为，学生是在自己已有生活经验基础上，在主动活动中建构自己的知识，即通过新经验与原有生活知识经验的相互作用来充实、丰富和改造自己的知识经验。教学中，我们要积极引导儿童重视、关注、观察、体验、反思和提高他们作为社会人的生活，而不是让儿童成为别人生活的旁观者、评论者或模仿者，逐渐引导儿童"过他自己的生活"，成为他自己生活的实践者，成为他自己生活的观察者、反思者、体验者和创造者。在我们的教学中，我们不能把学生当作"受众""观众"或"听众"，而应该把学生当作"主角"，甚至"导演"。在引导儿童关注自己的生活时，鼓励儿童以主体的身份实践自己的生活，积极主动地观察、体验、调整和发展自己的生活。

例如教学《遵守交通规则》这一主题，为了让学生遵守交通规则，注意安全上学和回家，了解安全常识，熟悉重要的交通和安全标志，并发展学生的自我约束能力和良好的行为规范。我先引导学生讲一讲自己住在哪里，每天是如何上学的，路上要经过哪些地方，有哪些主要的标志性建筑或景点，有哪些不安全的地方，并引导学生画出简单的上学路线。同时让学生在平时过马路时注意观察交通安全标志，并让学生收集各种交通安全标志，开展各种形式的展览会，让学生展示自己搜集的交通标志，介绍在哪儿找到的，这些标志有什么作用，在上学路上如果遇到各种交通标志应如何做。为了强化学生对交通规则的认识，我进行了模拟游戏。让学生轮流扮演交通民警，进行上学路上的模拟游戏，比如，听红绿灯指挥、避开汽车、走人行道等，宣传交通安全知识。在活动中，充分调动学生的参与欲望，鼓励学生自己分配角色，我根据内容创设各种各样的情节内容，学生在模拟的交通状态中，掌握了交通安全的一些基本知识，增强了自觉遵守交通规则的意识。

可见，体验在品德与社会的教学过程中是多么重要，只有强化重视体验，才能让学生在体验中积累经验、发展能力。所以，在日常教学中，必须让学生用心去经历，细心去体验，感受生活的酸甜苦辣，体味人生的美好艰辛，分享奋斗的成功乐趣……从而真正丰富学生自己的内心世界、情感世界，让儿童的心灵变得敏锐、机警、活跃。只有通过亲身参与和直接体验，学生才能在自主学习过程中，积累经验、发展能力。

三、到生活中实践

《品德与社会》课程标准指出："儿童品德的形成源于他们对生活的体

验、认识和感悟。只有源于儿童实际生活的教育活动才能引发他们内心的而非表面的道德情感，真实的而非虚假的道德体验和道德认知。因此，良好的品德形成必须在儿童的生活过程中，而非在生活之外进行。"因此在教学活动中，我们要善于联结课堂内的生活与课堂外的生活，教学应从课堂生活拓展到儿童的学校、家庭和社会生活，最大限度地、立体地整合各种教育资源。要让学生积极地参与社会实践，体验社会生活，并通过活动不断丰富和发展自己的生活经验。

例如，在上《学会购物》一课时，为了有效实现教学目标，让学生知道购物要根据需要进行，学会购物应有计划，知道购物的基本常识，能尝试着自主购物，学会文明购物。我采用了"超市购物"和"购物交流"两课时连续上的方式。

在上第一课时"超市购物"之前，发好《告家长书》，请家长协助孩子做好家庭购物需要小调查，并为孩子准备适当的购物经费。然后安排一节课，教师带领全班学生到学校附近超市进行购物，教师注意观察和记录学生的活动情况。

在上第二课时"购物交流"时，回到教室里，师生进行超市购物活动交流。以超市购物实践活动为平台，通过学生之间、师生之间的讨论交流、情景模拟、自我评价等，引导学生自主概括超市购物常识，并反思自己的行为，学会文明购物、有计划地购物。

可以说这一课的教学活动过程本身就是一个真实的生活片段。这样的教学，紧密结合学生的实际生活，通过学生的"真实生活"来进行，课堂中讨论交流的问题全部来自学生的真实生活经历和体验，学生其实是在进行和探讨着自己正在进行的生活，因而全身心地投入了学习。这样的教学，已经与学生的真实生活融为一体，生活的过程就是学习的过程，学习的过程也是实际生活的过程，教学与学生的真实生活之间因此建立了一种直接的、内在的联系，教学因之具有真实性、针对性和实效性，也切实地体现了教学向儿童生活的回归。

四、由生活中感悟

走向生活，企望从生活中得到理解和感受，这是品德教学走向生活的一个重要策略，缺乏感受的教学是不真实的，藐视感受的教学是机械的。课堂教学要在"感"字上做文章，加深感受，加深认识，提升课堂教学的生活内涵。

我在上《我在家能做什么》一课时，为使学生拥有自己的真实感受，我组织了"我当一天家"的活动，让学生代替父母安排家里一天的生活，洗洗碗筷，整理房间。课堂上，让学生交流这一天的感受。学生们畅所欲言，有的说："我在做这些事情的时候多么希望有人来帮忙啊！"有的说："父母做这些事情多累啊！"还有的说："我在拖地的时候多么希望听到一句关切的话语啊！"有了这腰酸腿疼的真切体验，那么劳动的辛苦，父母的关爱也就深深地烙在学生的情感世界里。在此基础上，我再引导学生谈谈如何用实际行动来表达对家人的关爱，同学们个个跃跃欲试，有的说：我的爱是一句贴心话；有的说：我的爱是个香甜的吻；有的说我的爱是一杯清凉的茶。其中有个孩子这样说："有一次我放学回家，看见生病的妈妈躺在床上，她叫我一个人到奶奶家去吃饭，我就一个人去了，现在想起来我真后悔，当初为什么就没有问问妈妈想吃什么呢？今天我回家准备给妈妈做一顿可口的饭菜。"多么真实的心灵告白，多么自然的真情流露，在心灵交流的平台上，幼小的心灵深深感受到家人的爱是多么伟大，回报家人的真情也油然而生。

五、在生活中生成

"生成"既指学生对生活知识与道德观念的能动建构过程，也指课程资源是师生动态生成的，师生均可超越教材，在生活实践中实现课程的价值取向。孩子们明白了道理，懂得了该怎样做，就应该让他们在生活中养成良好的品德行为习惯。这就意味着教学活动要尽量与家长配合，还可与雏鹰争章活动结合起来。如教《我在家能做什么》时，老师可以让学生选择争"清洁章""孝敬章"，教《我与同学》时可争"礼貌章""友爱章"，可以按照争章计划开展自我训练，请家长当教练辅导、督促学生，让家长、同学、老师当评委，检查计划的执行情况。这样以生活实践活动为载体，可促进学生道德观念的内化，加速良好的品德行为习惯的生成。

总之，在教学中我们教师要树立一种"教学即生活"和"生活即教学"的观念。换言之品德课的教学要以儿童的生活为主线，以儿童丰富多彩的实际生活为内容，以密切联系儿童现实生活的活动为载体，以儿童的整个生活世界为教学空间，让生活走进儿童，让儿童走进生活，让品德融入生活。

参考文献：

1. 刘灿斌；融入生活给力课堂——也谈陶行知"生活即教育"理论的课堂实践［A］；福建省行知实验校校长论坛论文集［C］；2012年

2. 陈宗辉；源于生活 寓于生活 高于生活——浅议中学思想政治生活化教学［A］；国家教师科研专项基金科研成果（华夏教师篇卷1）［C］；2013年

3. 徐玉金；思想品德课的生活化教学［N］；甘肃日报；2008年

浅谈学生发展核心素养在音乐课堂中的培养

密云区不老屯镇中心小学　庄园

本文 2017 年 7 月发表在《学校教育研究》2017/7（下）

内容摘要： 2016 年 9 月，我国提出适于中国学生现状及发展规律的素养。学生发展核心素养的提出，及时而又准确地发现了当下中国学生所面对的实际问题，并提出了高瞻远瞩、切实可行的发展方向。那么，如何将学生素养与音乐课堂有机结合起来，更好地培养学生音乐素养，是值得广大音乐教师深思的问题。我从音乐学科出发，结合所教授的内容，在音乐课堂中对培养学生发展核心素养做出以下尝试。

主题词： 学生发展核心素养　音乐素养　音乐课堂

2016 年 9 月，我国提出适于中国学生现状及发展规律的素养。即学会学习、健康生活、人文底蕴、科学精神、责任担当、实践创新六点，分别从自主发展、文化基础、社会参与三方面提出发展趋势，为培育我国学生成为全面发展的人而努力奋斗。学生发展核心素养的提出，及时而又准确地发现了当下中国学生所面对的实际问题，并提出了高瞻远瞩、切实可行的发展方向。

一、音乐课堂中学生发展核心素养的思考

学生发展核心素养是对全学科提出的希望与要求。同时也代表着它是

各学科所要思考与探索的方向。素质教育背景下，教师应该认真学习新课程标准理念，不断更新教育观念，寻求更多有效的教学方法和手段，促进学生全面发展[1]。那么，如何将学生素养与音乐课堂有机结合起来，更好地培养学生音乐素养，是值得广大音乐教师深思的问题。

（一）从音乐课堂的本质出发。音乐课的开设，目的是培养小学生热爱音乐、掌握音乐基础知识技能、具有良好的音乐素养、勇于展示自我、塑造高尚的品格，并且帮助其树立正确人生观、价值观。小学生天性活泼喜欢模仿、爱唱爱跳、对事物都有一颗好奇之心，音乐课对他们充满着神奇的魔力，孩子们通过实践感受音乐及生活的美好。

（二）从音乐课堂的内容出发。小学音乐的四大领域即"感受与鉴赏""表现""创造""音乐与相关文化"。这四点相互联系而又密不可分。音乐教师在课堂中，也将四大领域为依托，与授课内容紧密结合设计相关教学活动，全面培养学生的音乐素养。

（三）从音乐课堂的实际出发。由于学情、学段、教学手段等因素的差异，为音乐教学的有效开展的增添了难度。当然，我们不能对此就"自暴自弃""推卸责任"，而是要根据面对的实际情况，采取不同的策略，进一步提高音乐课堂效率。

二、音乐课堂中学生发展核心素养的培养

（一）学习音乐文化，人文底蕴

音乐课堂中，无论是欣赏、演唱、演奏、创作的歌曲或乐曲，都有其自身的文化与含义。音乐文化是深藏在音乐中的人文底蕴，是音乐的灵魂。怎样在课堂中教授音乐文化呢？我做了以下几点尝试：

1. 了解音乐文化

首先，引导学生了解音乐文化。所学的歌曲创作背景是怎样的？传达着什么精神与文化？孩子们带着这样问题进行学习。例如，二年级演唱曲《金孔雀轻轻跳》的教授中，我问："金孔雀舞姿这么美，这么受到小朋友

137

的喜欢，谁知道是来自中国少数民族？"从而引出"傣族"，让学生了解傣族都有哪些传统与文化，丰富音乐知识，拓宽视野。

2. 接纳音乐文化

其次，帮助学生接纳音乐文化。这里所说的"接纳"，其实包含着尊重与肯定的意思。音乐文化种类繁多、内容丰富。学生在面对多种文化是，一定要秉承着尊重的态度，因为任何一种文化之所以存在，必定有其意义。让学生去学会尊重事物，万事万物都有价值，我们要有一颗包容之心，肯定其地位及作用，这是一种美德，也是良好艺术素养的体现。

3. 传承音乐文化

最后，鼓励学生传承音乐文化。对于优秀的音乐文化，我们应该发扬。尤其是传承中国传统文化，是我们的义务，更是我们责任。音乐课堂里，就出现很多中国传统文化，如京剧、古诗、戏曲等，都是我国艺术的瑰宝。但是，具有传统技艺的人却越来越少了，这是什么原因呢？我们的孩子们都不了解、都不接纳，又何谈喜欢？又怎会去学习、去掌握、去发扬呢？这给音乐教师敲响了警钟，忘什么都不能忘记我们的传统、丢弃什么都不能丢弃我们的文化！鼓励学生们充分利用音乐课堂，掌握音乐文化；倡议学生们合理安排课余时间，丰富音乐文化。

（二）培养学会学习，促进自主发展

自主的发展离不开正确的学习方法。音乐课堂中，教师应该有意识地培养学生正确的学习方法。当然，这不是短短的时间里就能达成的，需要教师具有坚定的信念和足够的耐心，在面对问题时及时发现，采取准确的方式去处理。感受与鉴赏学习过程中讲方法，可以从重难点（主题句）出发，先掌握再完整欣赏，经历由"片段—完整—片段—完整"的过程，有目的进行学习方法的相关训练。激发学生学习音乐的兴趣，让兴趣带动自主发展。正确的学习方式会引导学生在学习效果上事半功倍。学会学习，才能真正发现潜藏在知识中乐趣。具有良好学习习惯的学生，往往都会控制好自己的情绪、调整好自己的状态，带着饱满地精神去感受身边的美好，健康的生活。

（三）巧用音乐实践，提高社会参与

1. 提升音乐表演水平，关注社会活动

音乐是表现的艺术。演唱、演奏等音乐实践提高了学生的表演水平，增强孩子的自信心。充分利用资源为学生提供更多更大的平台。音乐课中，利用课前三分钟时间，安排学生进行展示；学校活动中，鼓励学生进行音乐表演；艺术比赛中，辅导学生进行竞赛；课外活动中，提议学生进行社会参与，例如母亲节，为妈妈献上一首歌曲、重阳节为敬老院表演节目、新年为社区演奏一首乐曲等，让学生运用自己所学的音乐知识、所掌握的音乐技能去投入社会活动，为更多人送去温暖、让更多人感受音乐的美好！

2. 加强音乐合作，培养社会责任

每个人，不能离开社会而孤立存在。就如音乐中不能没有合作一样！独奏、独唱需要学生与自己的"声音""肢体"合作；齐奏、重唱中少不了学生之间的合作。小到一个人，大到一个国家，合作无处不在。合作的意义就在于事物之间通过相互的配合，达到和谐的境界。既然合作是事物彼此之间的，就不能单单以自己为主，而是要把"团队"的利益放在首位，这就引申出责任的重要作用。故学生要对自己负责、对伙伴负责、对团队负责。

在音乐课堂中培养学生责任心，可以尝试用"小组合作"的方式。将全班进行分组（可根据具体人数进行调整），在口风琴演奏中，我将班级分为两组，将歌谱按节分为两部分，两小组进行吹奏。开始时，总会有个别同学出现冒音、节奏不统一等问题，我没有因此苦恼，而是找出问题的原因，和学生一起分析，再进行改正。久而久之，学生不仅形成了良好的演奏习惯，而且也让整个班级演奏口风琴默契大大增强了！在高年级的音乐教学中，我会提高合作本身的难度，比如将歌曲进行二个声部演唱、演奏，最后形成二重唱、二重奏。根据实际学生掌握的实际情况，可以适当地变成三个声部。

3. 探索音乐创造，发扬创新精神

创新是进步的关键。只有在牢牢掌握知识的基础上，才会去考虑怎样去应用和创造！培养具有创新精神的学生，就是在培育一个创新的民族。音乐是一种富于实践性的艺术，强调音乐实践也是课程基本理念之一[2]。音乐课堂中四大领域中的"创造"一直是我在积极尝试探索的内容，在教课过程中，我鼓励学生在已学的节奏中，挑选自己喜欢的，根据拍号和小节要求进行节奏组合创编，并让学生把创编的内容展示给大家，学生之间相互猜一猜，比一比，评一评，提升创编水平。教师与学生一起，从身边的生活入手，为歌词创作找灵感，将其进行歌曲创作。歌曲创编过程如下：选择基本节奏型—填入音符—加入歌词。就这样，属于我们的歌曲就这样完成了，孩子们演唱着自己创作歌曲无比兴奋，甚至有的同学还能用口风琴吹奏出创作的歌曲，全班同学分组一半演奏、一半演唱，整节音乐课气氛活跃，收到了很好的教学效果。（如图1）

图1 创编歌曲《小小音乐家》

【参考文献】

［1］《提高小学音乐课堂教学效率的几点思考》第 1 页第 107 行。

［2］《运用多层体验提升音乐素养》第 2 页第 26 行。

小学低年级音乐审美情趣的培养

穆家峪镇中心小学　　胡春燕

此文 2017 年 11 月获得北京市第十届《京美杯》征文评选一等奖

音乐教育是美的教育，它能够陶冶情操，净化心灵。而在小学低年级的音乐教学中，如何发挥音乐的审美作用？值得我们探讨和研究。

根据小学低年级学生的年龄特征和认知特点，我认为培养他们对音乐的"审美趣味"是教学的侧重点。什么是音乐审美趣味？审美趣味是指学生对音乐的兴趣和爱好。美国现代心理学家布鲁姆指出："学习最好的刺激乃是对学习材料发生兴趣。"这说明兴趣是学习的基础。从美学角度看，只有形成正确的审美趣味，才能有深刻的审美体验、主动的审美意识、正确的审美评价，进而形成创造美的欲望。由此可见审美趣味是审美教育的基础。

小学低段音乐教材为我们提供了培养审美趣味的有利条件。教材中选择了许多适合于低段儿童的结构短小、旋律动听、节奏明快、形象鲜明的音乐作品。教师应充分发挥教材优势，做好这项工作。许多老师在这方面已经积累了不少经验，如：创设优美的音乐教学环境；进行音乐化教学活动的训练；用音像结合的方式进行欣赏教学；用角色化的歌唱表演与游戏增强学生的情感体验；用"竞赛"评比的方法引导学生积极参与音乐教学活动……然而，也有一些教师对学生审美趣味的培养还停留在较浅的层次上，下面我想就此谈几点认识。

一、获得美感体验，培养审美趣味

美好的音乐作品是能带给人以快感的，其中包含了生理快感的成分。音乐不仅对人类，对动物也是这样（国外有给奶牛听音乐以提高牛奶产量便是一例）。但这毕竟不是音乐审美的本质表现。我们有的教师看到女孩喜欢跳舞，男孩子喜欢打击乐，在还没有听完全曲，学会新歌，感受音乐所要表达的内容、表现的情绪时便让学生盲目地跳起来，敲起来。还有教师对音乐欣赏这一重要的教学内容，采取了形式主义的教学方式，粗粗一听，简单一讲："这首歌曲表达的音乐情绪是欢快的"，"这首乐曲是优美、抒情的"便草草了之。以为这就是音乐审美教育。其实音乐审美的本质应是美感。法国作曲家圣桑说："音乐不是生理满足的工具。音乐是人的精神最精致的产物之一。人生其智慧的深处有一种独特的神秘的感觉，即美的感觉，借助于它，人才能领悟艺术……"因此，我们在培养学生审美趣味时，不能满足于对感官的刺激，生理的快乐。以上老师的片面做法，究其根源还是对审美教育认识不足。

人的音乐美感属于社会意识。美感必须是"赏心悦目""悦耳动听"的，由感官愉悦进而使精神需要获得满足而产生的那种愉悦，"是经过感官到达于情感、想象、理智、意志等方面的高级心理活动，是在感性直觉中积淀着理性内涵的审美体验"。因此，音乐教师在教学中应该熟悉音乐教材，面向全体学生，制定好每一节课的教学目标，把握住每一个教学环节，充分挖掘教材的歌词美、旋律美、节奏美、力度美……以教师动情的演唱、演奏，生动有趣的讲解，结合使用直观形象的教具，启发学生细细品味音乐，以达到培养学生树立正确的审美趣味、积极进行审美体验、提高学生的音乐鉴赏力、音乐表现能力和创造能力的目的。应该指出，当前的一些年轻人沉溺于震耳欲聋的音响、声嘶力竭的演唱，把音乐当作一种官能满足和生理刺激的工具，不能不说是我们基础音乐教育失败的一种表现。

二、开阔音乐视野，拓展审美情趣

在美学界流行着一句话："趣味无争辩。"这是说，一个人喜爱什么音乐，不喜欢什么音乐是因人而异的，我们没有必要让人们都有相同的爱好。相反的，我们应该尊重每个人的兴趣和爱好，但这并不是意味着我们放弃了引导和教育。因为低年级儿童由于受年龄、文化、生活经验的局限，审美趣味是狭窄的。教师有责任通过音乐教学活动让他们的审美趣味在纵向和横向两个方面扩展，以开阔学生的音乐视野。

低年级的学生往往对当代的音乐作品比较熟悉，因而倍感兴趣。然而中华民族炎黄子孙在人类历史长河下创作了极为丰富的音乐作品，这是我国民族文化的宝贵财富。小学音乐教学负有不断扩大学生音乐审美视野的任务，要让学生不仅喜欢当代的音乐，对古代、近代、现代的优秀音乐作品也能逐渐欣赏、喜欢。教材中安排的笛子独奏曲《荫中鸟》、弹拨乐合奏《快乐的啰嗦》、民歌《猜调》等内容正是进行民族音乐教育的极好的材料。除此以外，还可以利用课外音乐教学活动，如学校艺术节中让有文艺特长的学生演奏民乐，演唱民歌、名歌，有的放矢地介绍民族乐器、乐曲、民歌或历史上有名的声乐作品，让学生更多地了解民族音乐，热爱民族音乐。

低年级学生往往对本民族、本国家的音乐作品感到亲切，因而感兴趣。然而，世界上每一个国家和民族都有自己的优秀音乐作品，这就形成了丰富多彩的音乐风格和式样。人们常说："音乐是没有国界的。"这正是音乐教学较其他学科的优势所在。另一方面，从审美规律来看，人们本来就是有寻求新颖、向多元化发展的审美倾向。教师的作用在于引导学生的审美趣味向多元化发展。我们不仅要教好本民族、本国的歌曲、乐曲，还要让孩子们欣赏外国歌曲和乐曲，喜爱外国歌曲和乐曲。一位教师在教唱美国歌曲《祝你生日快乐》时，做了这样的导入尝试：创设生日情景：在一个生日蛋糕上点燃腊烛，教师手持贺卡，声情并茂地表演《祝你生日快乐》，熟悉的情景、熟悉的歌声唤起学生强烈的共鸣，学生情不自禁地拍着手跟着老师唱起来，老师也拍着手鼓励学生用情演唱这首歌。在学生充分体验歌曲欢快的情绪和因为成功演唱而获得创造美的喜悦时，教师向学生介绍了《祝你生日快乐》是两位美国老师在 1893 年创作的歌曲，不少学生感到意外，教师抓住时机发问：为什么一首歌曲能长上翅膀超越时空飞过万水千山，飞遍世界？为什么在 100 多年后的今天，男女老少在过生日的时候还会常常唱起它？学生回答："它有意义"，"它有感情"，"它好听"。教师总结："对，同学们说得好，一首好的歌曲不受时间的限制，它永远不会老；一首好的歌曲不受国界的限制，可以传到世界的各个角落！让大家都喜爱它！"

这个导入设计非常浅近，非常生动，非常煽情，视觉、听觉获得的美感，情感想象获得的审美喜悦，最终懂得的音乐无国界的道理深深地留在孩子的心里。

当然，审美趣味的扩展是以生活经验、知识结构和情感体验的增长为基础的，我们进行扩展审美趣味教育时不能脱离这个基础。这就需要音乐教师不断地加强自身文化素养，特别是音乐素养的积累，不断进行音乐教改的探索，由浅入深、循序渐进地培养学生从古今中外的优秀音乐作品中汲取精神养料，扩展音乐审美趣味，开阔音乐视野。

三、培养高尚情操，提高鉴赏能力

音乐是一门很特殊的艺术，一方面它很抽象，一方面它却又能最深刻、最细腻、最准确地反映人的情感！欣赏者从这门特殊的艺术中感受歌曲（乐曲）的丰富情感和思想内涵，从中获取精神力量，使思想得到升华，这就是音乐的社会功能。许多哲学家和音乐大师对音乐的这一功能作用都做出了充分的估量，给予高度评价。或曰"浸润心灵"，或曰"净化灵魂"，或曰"改进德行"。但是，是不是所有的音乐作品都具有如此巨大的魔力？答案自然是否定的。

　　低年级学生辨别是非的能力比较弱，而好奇心与模仿能力却特别强。因而，一些流行音乐，抓住了孩子们的耳朵，使孩子们成了儿童追星族。这种现象让学生无法树立正确的价值观，严重地危害了少年儿童的身心，影响他们健康成长。音乐老师应从中省悟自己身上的重任，在音乐教学中充分利用教材提供的优秀音乐作品，精心设计音乐教学课内外活动，通过听听、唱唱、讲讲、跳跳、演演、比比等教学手法，让学生体验每一个音乐作品的美感和思想内涵，同时教给他们必要的音乐知识以促进学习，引导学生树立健康高尚的审美观念；提高音乐审美的品位；逐步培养学生对高雅艺术的好感、兴趣，从而净化学生心灵、培养高尚情操。我们可以在安静、严肃的课堂气氛中让学生欣赏《中华人民共和国国歌》，启发学生从那雄壮的旋律，那有力的节奏，那铿锵的"起来，起来，起来"歌声呼唤中，联想中国人民万众一心，为争取民族独立、解放，冒着敌人的炮火，前赴后继与敌人战斗的情景，激发学生爱国主义热情及对革命先辈的崇敬之情。在音乐游戏的教学过程中，让学生们愉快地边唱边进行角色表演："客人"来了，轻轻"敲门"，主人"开门"，互相问好；主人招待客人"请坐"，告别再见。在唱唱、动动的活动中学生体验了朋友见面的快乐，懂得了团结友爱、礼貌待人的重要……事实就是如此，提高学生审美品位，培养学生高尚情操，对学生德智体全面发展会产生不可估量的作用。

　　总之，在小学低年级音乐教学中，音乐老师一方面要加强美育、音乐审美教育理论的学习，正确地认识音乐审美趣味的作用，一方面在教学实践中要重视对学生审美趣味的培养，从而达到提高学生艺术素质的最终目的。

体育老师教数学不是笑话

——《弯道跑中的数学问题》教学案例

密云区第五小学　郭爱军　任利峰

（此文章登载于《体育教学》2017 年第六期）

一、背景分析学校体育教学

随着新课程改革的深入，我们的课堂也渐渐地发生着变化。十月末，学校布置了十一月的"四五五"教育主题——蓝色科学月，我与数学老师有节综合实践课，接到任务，我陷入了思索。有句调侃人的话叫"你的数学是体育老师教的吗?"。如果上百度上搜一下这句话你会找到 5650000 多条结果，而其中大多数是调侃。每当我看到这句话时，心中就很不是滋味，我现在是一名小学体育老师，普师毕业，当过班主任，教过语文，教过数学，因为爱好进修了体育本科，如愿地成为一名体育老师，以我的经历我深知，学校的教育本就是一家，各种科目原就是你中有我、我中有你。

我在微信的朋友圈看到一则新闻，说的是一位体育老师教初中毕业班的数学课，在中考的时候考了全县第一，这说明体育老师也能教好数学课，而且教得非常好，也能教出好成绩，我暗下决心，我要用实践证明能教好数学的体育老师并非少数人。我与数学霍老师一起讨论，根据教学进度——圆的周长，我们选定了教学内容——弯道跑中的数学问题。

二、案例描述

准备活动过后，数学之旅开始了。

第一环节，比一比。

首先进行直道 50 米的分组比赛，我根据平时成绩，把成绩相当但名次分明的排在一组，为了提高练习密度，组与组间隔时间较小，只记名次，不记时间。接下来，进行同起点，同终点的弯道跑比赛。

把每组的第一名排到第六道，而依次把最后一名同学排在第一道。我先和孩子们探究了弯道跑的跑动技术和注意事项，然后开始组织孩子们比赛。

一声哨响，每名同学都奋力起跑，向终点冲去，果然不出所料，名次逆转了！

"老师，我不服，再比一次，他不可能跑过我！"原来的第一名的李乐童一脸的不服气，原来的第六名小胖子王海龙洋洋得意。

"还不服气，比就比，第一名不可能永远是你的吧？"王海龙反驳道。

我看着他们一脸的稚气，我只说了一句话："用事实说话吧！"

一声哨响，多数小组的效果依旧！

第六名李乐童喘着粗气说道："邪了门了，我怎么可能第六呢？""老师，我总觉得我跑得比他远。"李乐童若有所悟。

"输了就输了，瞎找理由！是你的弯道跑的技术不好吧，大哥！"王海龙学着广告上的语气说道。

"嗯……"李乐童闷住了，紧接着说道："要不咱们换换跑道试试吧？"

"啊？还跑啊，让我喘口气吧，这么会跑三次了！"

"我也跑三次了啊，怕什么，来试试吧！敢不敢？"

听到他们这么说，我笑了，我很高兴，没有因为数学问题而降低我体育课练习密度，这样的课的节奏，我感觉是正确的。

"你输了两次了，换了跑道难道我还赢不了你？来，比就比！"

一声哨响，每名同学都奋力起跑，向终点冲去，果然不出所料，名次再次逆转了！而且名次之间拉来的距离还加大了！

一片欢笑声，欢呼声……

第二环节，说一说。

做完整理活动，我问孩子们有什么感想。

"老师，我要是在第一道，稳得第一，在第六道却输两次，我感觉，第六道一定比第一道长好多。"

"老师，我同意他的看法，平时他就比我快，这次在第一道我就赢，第六道我就输，感觉还是第六道长，这样比不公平，还是直道上同起点同终点的公平。"

"你们的猜想有一定道理，但怎么验证你们的猜想呢？"

"我们用尺子量下就行了。"

第三环节，量一量。

测量距离，孩子们早就在四年级数学课里就掌握了，我不赘述，分发了表格和 50 米的大卷尺，让学生自主验证。

带着问题求证，孩子们格外认真，操场反而安静下来了。

第四环节，想一想

不一会儿，同学们聚拢回来，七嘴八舌地开始议论起来。"六道确实长，一道真的短，差了好几米呢！"

"到底差多少呢？"我追问道，

"第一弯道，长 52 米"

"第二弯道，长 55.9 米"

"第三弯道，长 60 米"

"第四弯道，长 64 米"

"第五弯道，长 67.5 米"

"第六弯道，长 71 米"

"第一道比第六道长 9 米呢，我们不相上下的，可这次，谁跑一道谁赢。"

"那么怎么做，弯道跑才公平呢？"我追问道。

"终点向后错，距离一样就行了！"

"终点不能动，一个终点好掐表，起点向前移就行了。"

听着孩子们的汇报，会心的笑了。"移多少米？"

孩子们用简单的加减法就算出来移动的距离，我语重心长地告诉孩子们："同学们，体育与数学一样都一门严谨的学科，你们的测量是有误差的，而且有的误差还比较大，课下还有两个任务，一个任务就是回家上网查一查，200 米场地的弯道差到底是多少，还有一个任务就是你们和你们的数学霍老师共同完成的，就是用数学的方法算一算 200 米场地的弯道差。现在咱们进行一次估算，请你用相同大步走两圈，第一次走第一道，第二次走第二道，看看两圈差多少步。"

快下课了，我把孩子们集中起来，孩子们纷纷汇报自己的估算值。就在这时，下课铃声响了，我宣布下课后一个小调皮说到："这节课感觉不纯是体育课啊，怎么像是数学课啊！体育老师教数学，有点意思！"孩子们一起笑了起来……

三、案例反思

通过这一堂课的教学，给我留下了深刻的启示：

1、数学课堂要与生活密切结合。

从学生熟悉的生活情景和感兴趣的事物出发，为他们提供观察、操作、实践探索的机会，使他们有更多的机会从周围熟悉的事物中学习数学和理解数学，体会到数学就在身边，感受到数学的趣味和作用，体验到数学的魅力，数学知识本就来源于生活，同时又应用于生活。因此，我们教师要密切联系学生的生活实际，让数学课堂教学贴近生活，联系实际，引导学生懂得生活，学会生活，改造生活，赋予课堂生命和活力，让课堂因生活而精彩。数学教学与学生生活经验的融合，也是实现新课程目标的有效策略，结合生活实际让学生学习一些对生活有用的数学知识，不仅可以丰富教材内容，激发学生学习兴趣，提高课堂教学效率，还可以实现"学习有用的数学"这一理念。

2、把小学体育课程相关的内容资源与其他课程资源进行有机的整合教学，能使小学体育课程焕发新的生命力。

现在小学体育教学的现状是过于强调学科本位，体育学科与其他学科的整合明显不到位。在新课程标准要求下，体育学科不但要注重学生身体素质和运动技能的培养，而且还要关注学生心理和社会适应能力整体健康水平的提高。为此，体育教师在教学中要改变学科本位思想，将体育与其他学科进行融合，搭建体育学科与其它学科之间的新桥梁，发挥学科的协同作用，让它们为体育学科服务、也为教学服务、更为学生服务，以很好地达成新课程标准的目标要求。

3、小学体育学科与数学学科整合中，不应该丢失本学科的本色。

本节课在教学过程中，运用了许多的数学课常用的方法，如，比一比，说一说，量一量，想一想等，这些方法的运用蕴含了许多数学思想，但是在教学过程中，可能是习惯使然吧，我很注重学生在课堂中活动的节奏，注重学生的练习密度，注意学生的心率变化，几次跑步比赛，中途的技术探究与讲解，最后的大步慢走测量，都与本学科的教学特色溶为一体。我认为，本节课在整合中，没有丢失本学科的本色，没有把体育课上成室外的数学课，体育方面的教学目标达到了，没有为了整合而整合。在整合中，要以学生为出发点和落脚点，要以学生已有的数学知识为前提，不选取学生没有接触过或没有学过的数学知识，以免增加教材难度，最好与学生现有的教学进度相一致；在选取数学知识时，结合体育教材内容要有一定的目的性，以有利于达成体育教学目标和提高学生的学习兴趣和运动兴趣，这样的整合会相得益彰。

4、课堂改革中，不能仅仅是从上而下的改革行为。

本节课是随着新课程改革的深入，在学校布置的十一月的"四五五"教育主题——蓝色科学月中，我与数学老师接受的任务，如果没有这个任务，我想也不会有本次课，这是一次自上而下的改革行为，那么下次呢，下次的课在哪里呢，这样的教学，师生都受益，但是如是蜻蜓点水式的，那么将严重影响最终的课堂改革效果！我想，仅仅自上而下的改革行为是远远不够的，应该是自上而下与自下而上的不谋而合，教师观念转变的到位与行为转变的跟上，才是课堂改革的决定因素。

到那时，体育老师教数学绝不是笑话！

尊重个性差异　分层教学习作

北京市密云区教师研修学院　石文君

（此文 2016 年发表在《北京教育》刊物中）

内容摘要：根据自主学习能力的培养策略及目标，以分层教学为方式，以习作研究为抓手，有效培养学生习作水平的同时提高学生自我学习能力。分层习作教学，以尊重为价值导向，为每一个学生提供适合的教育，依据课标和学生年龄特点及已有的实践基础，从表达这个核心词出发确定低、中、高三个年级段的研究重点，分层实施，形成梯度，突出重点，落实成效，提升学生语文学科核心素养。

关键词：个性差异、分层教学、学科素养

习作分层教学研究，以尊重为价值导向，为每一个学生提供适合的教育，以课题的研究促进学生自主表达能力为目标。依据课标和学生年龄特点及已有的实践基础，从表达这个核心词出发确定低、中、高三个年级段的研究重点，分层实施，形成梯度，突出重点，落实成效的研究模式。

一、分阶段实施分层，梯度推进

第一阶段：低段——激发兴趣，积累词语

《小学语文课程标准》对低年级段的要求是"对写作有兴趣，留心周围事物，写自己想说的话，写想象中的事物。在写话中乐于运用阅读和生

活中学到的词语。"依据课标要求和低年龄段的学生特点，我们采用了：认识词语——分项拓展——喜欢积累——乐于说话的四步教学法。

认识和分项是一个输入的过程，学生通过课内外学到的词语，对词语有了了解和认识，教师通过分项的拓展有意识的将词语的外延不断扩大，在这个过程中加大学生对词语的信息量。积累和说话是输出的过程，学生通过前期的输入，能够在自己的采蜜集中积累自己喜欢的词语，或通过找朋友的方式分类积累的词语，再进一步让他们用自己积累的词语说话，写话的练习，真正达到学词拓词，用词说话。基于学生积累的词语的类型和内容的不同，学生的语言也随之渐渐丰富。为了激发学生学词、用词的兴趣，教师采取了多种符合低年级学生特点的评比和活动进行调动兴趣，使学生找到乐趣的同时又发展了语言。如，班级词汇漂流本，这个本子就是班里每天要一个学生专门负责摘录一些词语，并运用其中的词语进行写话，而且下面要属上自己的名字，还可以配上花边和图画。传到谁手里，这个同学还要负责当小老师把上一个同学的词语摘录和写作打个成绩。这个本子的设计，学生们倍加珍爱，因为在这个漂流本中学生扮演了两种角色，他们都愿意自己在这个过程中得到别人的认可的同时又能以小老师的身份评价同学的作品。

第二阶段：中段——分层运用积累，清楚表达

基于低段积累习惯的养成，到了中年级段学生的积累从词、句已经过渡到段。通过日记的记录，学生在观察生活，写身边的一事一物方面进行日积月累的练习。将中段细化为：

三年级：依托日记——积累素材——筛选素材——提高写作

四年级：提高写作——运用语言——自然表达——再次提升

在中段为了解决学生没得写，不爱写，教师布置日记流于形式，指导方法单一的现状，我们进行了集体教研，通过教研，确定了三年级以观察日记为突破口进行日记的记录。如，春天观察每天校园里小树的变化；利用科学课师生一起种蚕豆写观察日记；观察同学、教师每天的衣着，表

情、事件进行"今天的他（她）"系列日记；放一段折纸的录相，记录折纸过程的观察日记；等等，通过季节、人物、事件等多方面的观察，引导学生在观察的基础上写日记，一方面解决了学生不知道写什么的问题，另一方面也解决了学生不知道怎么写的困难。学生的观察日记成为学生的素材积累本，当学生再拿到一篇习作要求的时候就可以从素材积累本中进行筛选，在筛选的过程中又培养了学生对已有日记的评价过程，如推出的依托日记进行素材筛选的课型研究中，学生在课堂上大胆地提出了自己原有的哪篇日记可以用，在哪个方面如果再写得清楚一些就会有更好了的新发现。通过同学的帮助，教师的指导，学生从日记中选取的素材进行了再次加工的过程，从而真正提高了学生书面表达能力。

四年级在原有三年级的基础上，进行了运用语言，自然表达的研究突破。通过三年级的训练，学生在写清一个物、一件事方面显得有了一定的基础，但语言欠缺具体形象，这时候学生的写作进入了一个瓶颈期，教师也苦于指导，不知道如何指导学生在自然表达、真情写作方面有所突破。通过学习相关资料和教研，发现学生在写清楚的基础上欠缺具体的现象正说明学生欠缺运用语言的能力，不能将已学到的表达方法和语言积累恰当运用从而提高习作的层次。

第三阶段：高段——形成写作习惯，多元表达

在低、中年段的基础上，学生已经能够写清日记内容，语言也达到了清楚表达，条理清晰，对日记已经有了表达的欲望，如何把这种对日记的喜爱加深，并在继续深入的过程中让学生在高段有提升，在表达能力方面体现年段的梯度上升，我们把目标分化为五、六年级。

五年级：赏析、爱写

班级展示——深入语言——生动表达——形成习惯

五年级利用报班的方式，为学生提供展示的平台，通过投稿、审阅、选稿、编辑、阅读五步走的实施方案培养学生对日记的后续关注，从写作走向交流，进行展示，多元评价，形成习惯。在这个过程中为了最大限度

地发挥报纸的功效，采取了积分鼓励机制、推荐机制、争星机制、评价机制等方式最大化地调动学生的积极性，并且在交流的过程中鼓励学生深入日记语言，在交流的过程中自然、生动的表达，在有层次、系列化的赏析过程中让学生越来越爱写，爱表达，并且鼓励学生进行日记内容的创作。

六年级：创作、自醒

形式丰富——主题创作——感悟语言——自我教育

在五年级的系列训练的基础上，学生已经尝试着创作自己的日记内容和形式，到六年级我们更加提倡学生以自己喜欢的方式进行形式丰富的主题创作日记，学生在这一阶段已经从最初的关注身边事件，写清事件过程，走向深入事件背后的社会问题，人与人的情感问题等。如学生有针对感恩为主题的诗歌创作，有关注社会热点问题的评论，有来自生活观察的新闻纪实，有创作小说的故事连载，有人、事、物描写的散文等等，在这个过程中学生在内化语言，外显形式的过程中不知不觉地进行自我修正，自我教育，同时在语言表达上已经形成了个性表达，情真意切的目的。

二、细化分层指标，成效突出的研究模式

1. 课前调研分层：深入了解学情，通过课堂观察、写作分析（书面表达与口语表达）、课下交流这四方面，多种渠道了解学生的学习情况，避免分层的不准。

2. 对目标分层：依据学情，重新定位每节习作课分层次的教学目标。以前，一个目标适用于所有的学生，现在结合课前调研分层情况，结合教材实际，对教材进行分层处理，制定不同目标，既有保底的要求，又有促进发展的高标准。

3. 内容分层：教师针对不同层次的学生设计不同的练习，把握的准则：低层次，全支撑；中层次，半支撑；高层次，无支撑。经过这样的分层写作练习设计，大大地提高了习作乐趣与写作水平，使学习上不同水平的学生都能学有所获，把课堂关注100%落到实处。

4. 活动分层：针对不同层次学生的具体情况开展有区别的合作探究活动，使全体学生写作有支撑，各得其所。

三、依据年段特点，形成习作分层课型

年级	主题	推进形式		内化情感	形成课型
一二年级	词语积累与运用	认识词语喜欢积累	分项拓展乐于说话	积累、说话	词语归类课积累表达课
三年级	观察日记	依托日记筛选素材	积累素材提高写作	观察、记录	片段修改课名篇引领课
四年级	活动日记	提高写作自然表达	运用语言再次提升	生长、感悟	素材筛选课习作引领课
五年级	赏析日记	班级展示生动表达	深入语言形成习惯	赏析、沟通	日记赏析课日记交流课
六年级	创作日记	形式丰富感悟语言	主题创作自我教育	创作、自醒	读写结合课创作自醒课

四、依据学生分层特点，预设目标分层

学段	目标分层	具体指标	实施策略
低年级	基础目标	对写话有兴趣，写自己想说的话。	仿写续编
	预备目标	留心周围的事物，乐于运用学到的词语写作。	读写结合
	扩展目标	对周围事物的好奇心，表达有自信，乐于发表见解。	独立创作
中年级	基础目标	对习作有兴趣，自信心，不拘形式地写下自己的见闻。	记录见闻
	预备目标	观察周围世界，愿意分享自己的见闻、感受和想象。	清楚表达
	扩展目标	乐于书面表达，运用积累的语言材料写作，乐于分享。	丰富表达

续表

学段	目标分层	具体指标	实施策略
高年级	基础目标	具有留心观察的习惯，有意识丰富自己的见闻。	丰富见闻
	预备目标	珍视独特感受，乐于分享、表达自己的感受、见解。	表达情感
	扩展目标	丰富创作形式，多元表达情感，形成写作习惯。	多元表达

五、习作分层实施感悟

习作分层教学真正让学生在写作之路上经历了有的写——不怕写——愿意写——会写——坚持写——爱写这一过程。学生根据自己的爱好与特长的不同，采取自己喜欢的方式来写作，大大提高了学生的写作兴趣，同时也成就了学生独俱风格的表达特点。在以往的传统教学中，如果对差异较大的学生制定统一的教学目标，很可能会出现"优等生吃不饱，中等生提不高，差等生跟不上"的局面。关注个性差异，实施分层教学、分类指导，就能在习作教学中彰显学生个性，使拥有不同天资的学生都能够得到最适合其自身特质的发展。

尊重个性差异，分层教学习作，让每一名学生获得最大限度的发展，尊重差异的习作教学精髓在于"面向学生的不同的学习需要"，尊重差异的习作教学关键在于"诊断学生的学习需要，给学生提供具有挑战性和多样性的学习活动，让学生以自己的方式，谋取自身最佳发展，有效提升学生的学科素养。"

传国粹艺术 创布艺风采

—— 谈"布艺京韵"艺术坊实践与研究

密云第三小学 李庆柱

本文发表于《少儿美术》2017 年第 9 期刊号：12 – 1269/G4

内容摘要： 京剧是我们的国粹、国剧，是中华优秀传统文化。它的行当全面、表演成熟、气势宏美，是民族文化的根、艺术的魂。布艺，即指布上艺术，是古时期中国民间工艺中的一朵瑰丽的奇葩。"布艺京韵"艺术坊结合布艺、国画、国粹三种文化，以布为"纸"，以纺织颜料为"墨"，依托布上水墨画这种新艺术形式传承非物质文化遗产——京剧。

关键词： 京剧；布艺；传承文化；创新形式

北京市密云区第三小学高度重视中华优秀传统艺术教育，将国家级的"非遗"项目——京剧纳入美术课堂教学和艺术社团活动中。"布艺京韵"艺术坊的实践与研究更是探索中国非物质文化遗产、弘扬国粹的一个新途径。

一、京剧文化进校园的意义和现状

京剧是我国的国粹，是最具民族文化特色的艺术载体，给予学生们唱念欣赏、身段体验、表演互动、色彩内涵、服饰文化、历史知识、道德教育的传递和普及。它把歌唱、舞蹈、音乐、美术自然地融为一体，具有极高的美学价值。京剧不论是唱腔、念白、身段、舞蹈、戏装、脸谱，无不显示着中华民族文化艺术的特色，是富含人文精神的典型中国文化，是中华民族文化的瑰宝，更是人类共同的文化遗产。

京剧艺术作为我国传统的文化，却在传承与发展方面不容乐观。其一，在学校教育体系所占的分量极少。其二，京剧虽然是传统文化的精粹之一，但在传统文化进入学校教育这一话题中，人们往往更偏向于社会公认的文化经典学习。京剧教育呈现出不均衡的状态，除了少数有戏曲教育传统或以戏曲教育为特色的学校外，京剧基本上处于学校教育传统文化教育的边缘地带。

如何让小学生由衷的喜欢，进而爱上这门艺术，表现这门艺术，笔者从一个"新"字入手。

课堂上，通过学生感兴趣的故事和历史事件导入，引导学生观看精彩的京剧名段，辅以基本的京剧常识和有趣的典故，学生对京剧产生了浓厚兴趣。在此基础上开创新的艺术形式，以手绘为媒介，将京剧人物造型、脸谱等与布艺结合，成立了"布艺京韵"艺术坊，教学上根据学生年龄特点采取分层教学，因材施教，开创京剧校本课程。

二、以创新实践为要，养成知行合一的文化本能。

《义务教育美术课程标准》明确提出了要把"文化传承"作为美术教学的一大重点。作为一名美术教师，肩负着文化的传承和交流的责任，京剧这座文化的宝库深深地吸引着我。在传统文化教育普及中，笔者从实践中尝试寻找京剧文化与布艺之间的关联，从美术的角度切入京剧艺术，将布艺作为构建传承京剧艺术文化教育的桥梁，引导学生从美学的视角审视京剧艺术，把知识变成行动，学以致道、学以致用。通过布艺生成新的美术教学资源、新的艺术表现形式来表现和传承京剧文化，帮助学生充分体验京剧艺术独特的美，提升美术课堂的艺术品质，赋予布艺新的含义。

学生在京剧艺术的宝库中选取自己喜欢的一枝一叶，通过手绘布艺大胆表现出来我们熟知的那些人物和脸谱，以一种全新的面貌和风格呈现在我们眼前。小学生特有的稚拙的造型、个性十足的色彩搭配、布上彩绘独有的质感，诉说着一段段优美生动的故事与演义，深深地打动着每一位欣赏者。这才是真正的传承。

（一）传承教育以学生发展为主

通过布艺京韵课题的研究与实践，学生获得亲身参与探索布艺和京剧艺术的体验，使学生由浅入深地了解京剧艺术博大精深的文化。经过画笔的描绘从而达到了一定的艺术效果，使学生体验了布上艺术的创新魅力，提高学生艺术素养的同时又传承了京剧文化的神韵。从而使学生进一步热爱、继承和发展民族的非物质文化。在艺术教学中注重了过程性，体验性研究，引导学生主动参与，亲身实践，独立思考，合作探究，从而实现学生学习方式的转变。

（二）传承创新促进教师自身发展

通过布艺京剧课题的研究，进一步提高了教师的业务素质和能力，促进了教师课程意识和课程开发能力，进而促进教学能力的提升。同时，提高了本校教师的科研水平，使其具有宽广厚实的业务知识和终身学习的自觉性，提高教师的创新期望和创新意识，使教学活动成为富有激情的创造性活动。

（三）传统文化教育促进学校学科建设

通过布艺京韵课题的研究，在校园内营造京剧进课堂的良好氛围让学生更加了解我国的京剧艺术文化，培养学生对京剧艺术的兴趣，了解布艺文化和京剧的相关知识，进一步传承、弘扬优秀的中华民族传统文化。民族国粹的意义，进一步树立了学生的民族自信心和自豪感。通过开展这一活动，丰富了学校校园文化，使学校的艺术特色更具内涵。利用布艺京剧校本课程推动学校校园文化建设，创新和发展民族优秀传统文化。

（四）"布艺京韵"艺术坊的实践与研究

如何在京剧艺术传承中将美术中的布艺教学融合起来，使"布艺京韵"能充分体现美术课程的特色，并在继承传统京剧文化和发扬京剧文化魅力基础上，实现布艺上创新应用。以布为载体表现京剧美学的主要内容，在课程结构上分为美妙神奇的脸谱世界，绚丽多姿的服饰艺术，精美绚丽的京剧道具，象征经典的京剧舞台，意象唯美的人物造型，气韵生动的节奏艺术。通过布艺京韵课程，持续性地在学生中传播京剧文化精华，使这些宝贵的文化传统在布艺上获得新的生命力，使中华民族国粹文化永远流传。具体研究内容如下：

1. 探究多种材料如丙烯颜料、纺织颜料等颜料在各种布料（如纯棉布，涤纶布，亚麻布、帆布、丝绸、苎麻）上的绘画形式，实践其材料自身的吸水性、耐光性、稳定性及可绘画性。

2. 根据各年级的学生特点，分年龄研究主题：京剧起源、京剧人物（水墨人物画）、京剧行当、京剧脸谱、京剧著名曲目、京剧流派、京剧的行头（服装）改革美术程结构。这对课堂教学内容的延伸进行了改革尝试，开办了每月一到两次的布艺课。

3. 对京剧文化与美术的关联进行梳理。包括舞台布景、戏曲角色的化装造型等。此外，历史悠久的以戏曲人物形象和戏曲表演情境为题材的美术作品，也是民族戏曲艺术与民族美术相结合的成功产物，成为民族传统美术的一大特色。在京剧艺术中，如头部的脸谱、面具、头饰、盔头等；身上的戏装、手执的道具、足下的靴鞋；还有周围的布景、灯光照明、及舞台装置等都独具审美趣味。另一部分是以戏曲舞台人物形象与剧情故事为表现题材，或是为造型参照对象的各种美术形式。观众可以从美术品中回味戏曲艺术的唱、念、做、和装扮之美，也欣赏绘画艺术之美。

4. 采用丰富手段，寓教于乐。创设令学生愉悦的物质、精神环境，运用布艺的形式，真正激发学生对京剧文化的兴趣。京剧艺术大师梅兰芳说过："中国戏曲是一种综合性的艺术，包含着剧本、音乐、化妆、服装、道具、布景等因素，这些都是要通过演员的表演来实现的。它的表演本身，就包括着歌、舞、白、武打和表情等各个方面。"在教育普及中大力挖掘学科间的联系和综合运用，做到了"寓教于乐"，使学生在感觉"有意思"的基础上领悟到"有意义"。

三、传承国粹艺术，弘扬传统文化的新途径

以非物质文化遗产的京剧和传统布艺结合，开发并整合课程资源，坚持以学生为主体。让以布为"纸"、以纺织颜料为"墨"的京剧人物彩墨画布艺成为学校标志性的特色项目，使其以独特的魅力吸引广大学生的积极参与，在校园中开展依托布艺的形式传承京剧文化的魅力的研究，既丰富学生的知识，又减轻他们的学习压力，加深他们对中华文化的认识和理解，培养他们热爱、继承和发展民族文化艺术，培育共同的情感和价值、共同的理想和精神。

布艺和京剧的结合是从美学和实用性的视角审视京剧艺术，通过布艺生成新的美术教学资源来表现京剧文化，体验京剧艺术独特的美。弘扬了京剧传统文化同时，又提升布艺的艺术品质。创造性的把生活中布艺成为传承京剧艺术的新途径。

在手绘设计、创意过程中，要依据不同内容、不同的主题特征，进行色彩整合，这样才能使图案在整体和谐中创新。通过手绘布艺的过程可以积累文化底蕴，培植创新的悟性和灵性；可以创设校园文化氛围，培植创新的个性和品性。手绘布艺，最大的价值不在款式面料，而在于所承载的文化意义。

用布艺艺术的手法来表现传统京剧文化，生成新的艺术形式。在当代生活方式中激荡起人们对中国优秀传统艺术的重视与高度认知，让其成为艺术创造的灵感源，在弘扬中国优秀传统文化中发挥作用，从而继承和发展这些美丽优秀的艺术瑰宝。

参考文献：

[1] 黄景锋. 中国戏剧在课堂教学中的尝试 [J]. 都市家教. 2009，

（7）：160－160

[2] 吴晓君．浅谈"京剧艺术"进课堂 [J]．教育教学论坛．2009，(12Z)：146－147

[3] 吴莎莎．浅谈"京剧艺术"进课堂 [J]．河南教育：下旬，2008，(12)：50－50

[4] 黄兰．京剧是我的生命——记安平 [EB/OL]．http：// scopera. newssc. org/system/2009/03/26/011726502. shtml，2009－03－26/ 2017－10－01

[5] 云雅．戏曲教育是传统文化的综合课 [N]．中国艺术报．2015－ 05－18（10）

[6] 燕筠．"京剧进课堂"的意义及教学策略 [C]

[7] 朱秋德．儿童审美教育的内容与途径 [J]．兵团教育与研究 ．1992（03）

[8] 严峻．浅析"京剧进课堂"的现实意义 [J]．科教文汇（下旬刊）．2008 年 10 期

实践活动中学生养成自主探索的学习习惯

北京市朝阳区实验小学密云学校　王铁君

此文获 2016 年 10 月中国高等教育学会教师教育分会综合

实践活动学科第十届学术年会优秀论文评比　一等奖

内容提要： "真正的学习是探索。"，中国著名教育专家孙云晓在《教育就是培养好习惯》一书中提出。他认为，"人生下来就是一个学习者，但会逐步形成不同的学习需要，认知需要是最重要的最稳定的内在学习动力，而认知需要就是喜欢探索的需要。因此从小培养孩子喜欢探索的习惯是极为关键的教育原则。"[1]自主探索是课程改革提倡的一种新学习方式，目的是让学生在学习过程中主动参与、乐于探索、勤于动手，使学生在掌握知识的同时，培养其搜集和处理信息的能力、获取知识的能力、分析问题解决问题的能力。[2]本文主要从激发学生自主探索兴趣；掌握探索方法，提高自主探索能力两方面阐述在课堂教学中如何引导学生养成自主探索的学习习惯。让学生在探索活动中体验成功，构建快乐课堂。

主题词： 学习习惯　自主探索　学习动机　知识迁移

"真正的学习是探索。"，中国著名教育专家孙云晓在《教育就是培养好习惯》一书中提出。他认为，"人生下来就是一个学习者，但会逐步形成不同的学习需要，认知需要是最重要的最稳定的内在学习动力，而认知需要就是喜欢探索的需要。因此从小培养孩子喜欢探索的习惯是极为关键的教育原则。"[1]著名的心理学家布鲁纳也说过，知识的获得是一个主动的过程，受教育者不应是信息的被动接受者，而应是知识获取的主动参与者。[5]综合实践活动，以学生为主体。我重点引导学生养成自主探索的学习习惯。让学生在探索活动中体验成功，构建快乐课堂。

自主探索是课程改革提倡的一种新学习方式，目的是让学生在学习过程中主动参与、乐于探索、勤于动手，使学生在掌握知识同时，培养其搜集和处理信息的能力、获取知识的能力、分析问题解决问题的能力。[2]在培养学生自主探索学习习惯的实践中，我有以下体会：

一、激发自主探索的动机

托尔斯泰也说过："成功的教学所需的不是强制，而是激发学习爱好。"，"浓厚的学习爱好，可以使学生产生强烈的求知欲，从而具有敏锐的思维力、丰富的想象力和牢固的记忆力，爱好是探求知识熟悉事物的推动力。"[4]学习动机是直接推动学生进行学习的一种内部动力，是激励和指引学生进行学习的一种需要。

（一）在应用的需求上探索。

在课堂上，把刻板简单的教与学融化在丰富多彩的实际应用需求中，在良好的课堂气氛中激发学生的自主探索动力。

例如：熟悉窗口操作的活动中，学生学习排列窗口时，没有遇到过需要排列窗口才能方便操作的情况。因此对为什么要排列窗口，什么情况下需要排列窗口并不清楚，不明白这些，也就没有动力去学习。我设计了找不同的游戏，两个图片文件，需要对照着找出不同。同学们就发现，两幅图不能同时显示在桌面上，切换着看很不好找。怎么才能同时看两张图片呢？有了这个需求，学生积极探索，找到了排列窗口的方法，顺利的完成了找不同。

（二）在游戏中探索

中国伟大的教育家陶行知先生主张："让学生在玩中学，学中玩，充分体验参与活动的乐趣。"鲁迅先生说过："游戏是儿童最正当的行为。"因此在课堂上，我把游戏请进来，将要学习的知识渗透到游戏活动中，学生在参与游戏的过程中，轻松愉快地将注意力引导到新知识的学习中，激发自主探索的兴趣。

例如：在学生练习鼠标基本操作时。我制作了学习鼠标操作的游戏，第一关单击绿苹果变红，第二关移动出现鼠标跟随效果，第三关双击把花朵变红，第四关拖动完成拼图。我预先给每个孩子打开游戏，游戏在单击操作这一关。学生通过看游戏中的文字说明，了解闯关方法，掌握单击操作。当苹果全部变红时，学生发现了下一关的按钮，通过单击进入下一关移动，就这样，学生在每一关的游戏中，通过自学闯关方法，玩游戏的同时掌握鼠标操作要领。

（三）探索中满足成功的需求

前苏联教育家苏霍姆林斯基说，学生课堂学习的积极性来自于"对面前展示的真理，感到惊奇甚至震惊。学生在学习中能够意识和感觉到自己的智慧和力量，体验到创造的欢乐，为人类的智慧和意志的伟大而感到骄傲。"[3] 其实每个学生都有成功的欲望，哪怕只有一点可取之处，他们都会感觉到成功，都会有付出后获得回报的喜悦，这是前进和成长的动力！

例如：在用画图程序的曲线工具创作时，学生在掌握了曲线的基本画法后，学生探索还能画出哪些不一样的曲线。学生自己探索实践，小组内交流，并准备演示。在学生的自主探索活动中，学生不断的发出感叹，"哦，还可以画成这样！"，"看我画出了 8 字形""有意思，真有意思"。在展示成果的过程中，学生展示了自己画的不一样的曲线，并演示讲解。自豪的被评为"探索之星"。享受到了成功的快乐。激发了自主探索的兴趣。

二、掌握探索方法，提高自主探索能力

老子曾经说过："授人以鱼，不如授之以渔，授人以鱼只救一时之及，授人以渔则可解一生之需。"伟大的生物学家达尔文也认为："一切知识中最有价值的是关于方法的知识。"[2]学生掌握自主探索的方法，是形成自主探索习惯的前提。

（一）学会阅读自学材料

阅读对学生是非常重要。苏霍姆林斯基认为，"学会学习首先要学会阅读，一个阅读能力不好的学生，就是一个潜在的差生，如果一个人在小学里没有学会阅读，那么他日后在学习、工作中可能会遇到无法克服的困难。"[3]学会阅读自学材料，对于学生养成良好的自主探索习惯非常重要。在教学设计时，我选取恰当的内容，以教材为主，自制的文本或电子操作说明为辅。培养学生阅读能力，为自主探索奠定基础。

例如：学生要在word中制作作品时，遇到插入图片的问题。书中图文并茂，操作步骤清晰明了，我采用了学生看书自主探索的方法，培养学生看步骤一步一步操作的探索习惯。

（二）实现知识的有效迁移

所谓迁移，心理学对迁移的定义是：一种学习对另一种学习的影响。可以理解为将学到的经验（包括知识、技能、方法等）改变后运用于新情境，实现迁移。[5]我国古代学者没有明确提出"迁移"的概念，但却是最早发现了迁移现象，并自觉运用于教学和学习实践。如"温故而知新"、"举一反三"、"闻一知十"、"触类旁通"、"由此及彼"等。在课堂教学中，我注重知识间的联系，培养学生迁移知识的能力。例如：文本框的学习，学生在word文字中已经了解了文本框的插入修饰等方法。在使用演示文稿中的文本框时，引导学生联系在word文字中的操作方法，有效的迁移知识，进行自主探索学习。

（三）敢于和计算机对话

计算机本身，就是一本教科书。计算机的反应就是一种语言，教学中让学生明确这一点，时刻保持与计算机的对话，大胆尝试，实现自主探索。例如：在学习保存作品的方法时，引导学生和计算机弹出的对话框进行对话，看看计算机给我们提出了哪些问题，问题一，保存在哪里？问题二，文件名是什么？解决了这两个问题，也就学会了保存的方法。

自主探索习惯的养成不是一朝一夕的事，老子说："天下难事，必作于易；天下大事，必作于细。"我们要从点滴做起，循序渐进。学生在快乐中探索，在自主探索的活动中快乐的学习，构建出快乐、和谐的课堂氛围。让学生爱学，会学。

参考文献：

[1] 孙晓云著：《教育就是培养好习惯》，江苏教育出版社，2009 年 8 月，第 129 页

[2] 扈中平主编：《现代教育理论》（第 2 版），高等教育出版社，2005 年 10 月，第 123 页

[3] 苏霍姆林斯基：《给教师的建议》，教育科学出版社，1984 年 6 月 1 日，第 30 页

[4] 袁振国主编：《当代教育学》，教育科学出版社，2010 年 5 月 1 日，第 85 页

[5] 张承芬主编：《教育心理学》，山东教育出版社，2010 年 6 月 1 日，第 207 页

小学英语个性化作业的几点尝试

密云区季庄小学　　张立华

本文 2018 年 9 月发表于《北京教育》

内容提要：小学英语作业是对英语课上教学的有效延伸，要体现语言的应用性和趣味性，教师要为学生科学设计个性化作业。以单元话题为主题的绘本设计；结合学生实际的文段表达；契合节日制作的英文贺卡以及微视频、口语实践性作业等促进了学生综合素养的提升。

关键词：应用性　趣味性　实践性

小学英语作业是对英语课上教学的有效延伸，是英语课堂学习的巩固和深化，是学生课外学习的重要手段。教师可以通过分析学生作业的完成情况，发现他们在英语学习过程中的问题。从而调整自己下一步的教学方案，更好地提高教学效率。

一、小学英语作业的现状

目前小学英语作业存在一些问题，教师往往会布置一些这样的作业，如抄写单词、跟读录音、完成练习卷等。这样的作业形式单一缺乏趣味性，久而久之学生会感到乏味。《英语课程标准》指出英语学习要面向全体学生，关注语言学习者的不同特点和个体差异。这样的作业形式没有考虑到学生之间的差异性和层次性；这种机械的作业形式与语言学习的应用性和实践性更是相悖的。

二、小学英语个性化作业的形式

针对以上小学英语作业的现状，2014 年 11 月《北京市中小学英语学科教学改进意见》指出要为学生科学设计个性化作业，要体现语言的应用性和趣味性。根据这一要求，我在实践中做了一些尝试和探索。

1. 以单元话题为主题的绘本设计

北京版教材的内容和语言材料的选择和安排上是以学生生活题材为主要内容的，每个单元会涉及一个话题。这样学生在一个单元学完以后，教师以单元话题为主题布置个性化作业。对于一年级的学生，教师为学生提供了本单元所学习的单词或句子，并规定了学生绘画的主题，引导学生结合自己的生活实际用绘本的形式完成作业。

 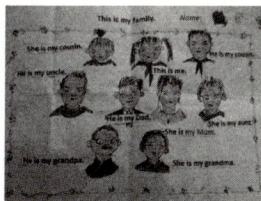 

图 1　My day　　　　　图 2　My family　　　　　图 3　Animals

对于中高年级学生来说，教师只规定主题内容，不再为学生提供文字。

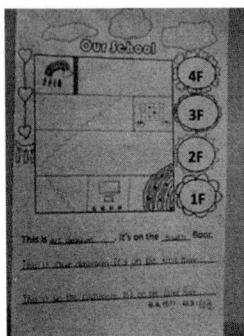 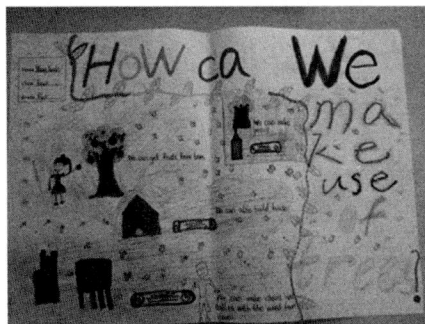

这样的作业形式，学生可以结合自己的实际，自由选择绘画内容，自己决定版面的布局和画面的色彩，充分体现学生对本单元的所学内容的综合应用。在学生完成作业的过程中，与美术学科相融合，学生的想象力和创造力得到了很好地发挥。

2. 结合学生实际的文段表达

语言技能包括听、说、读、写四个方面，随着课程改革的不断推进，教师对于学生的听、说、读能力的培养越来越重视。对于学生写的能力的培养还有很大的提升空间。以单元话题为内容，结合学生的实际进行自主的文段表达，不但体现了学生对语言的应用，而且激发学生的书写兴趣，促进学生写的能力的发展。需要注意的是不同年段的学生教师要有不同的要求，不随意增加难度，从低年级开始循序渐进的培养学生的书写能力。

举例：

二年级   三年级   四年级

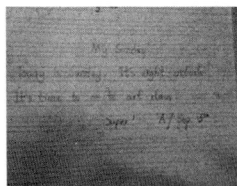 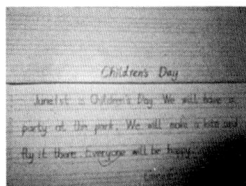 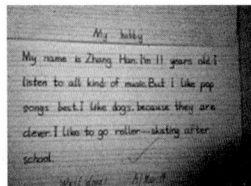

五年级   六年级

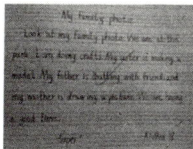   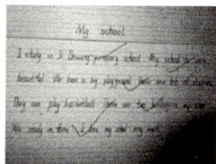

从以上各年级的作业我们可以看出，随着年级的增加，学生的表达内容也越来越丰富。更可贵的是他们都在表达自己真实的生活，因为贴近生活的内容对学生来说更有意义。

3. 契合节日制作英文贺卡

《英语课程标准》二级明确指出能写出简单的问候语和祝福语。结合生活中的节日如 Women's Day, Teachers' Day , Children's Day, Christmas 等等，给学生布置制作贺卡的作业较好地体现了这一目标的落实。如 Women's Day 学生将精心设计的贺卡，送给了妈妈或者老师，在这个过程中爱妈妈，爱老师的情感教育水到渠成。

4. 自主学习梳理单元知识点

一个单元或几个单元的学习内容结束了，在复习的过程中，改变教师在课堂上带着学生复习整理的方式，引导学生自主归纳整理一个单元的学习内容如功能句型和词汇等。学生整理的过程，也是思考和梳理的过程。这样的作业形式充分调动了学生的学习积极性，培养了学生自主学习能力。

以下是学生独立完成的几个单元和一个单元的总结，我们可以看出，学生将每个单元的知识点清晰的呈现在我们面前。

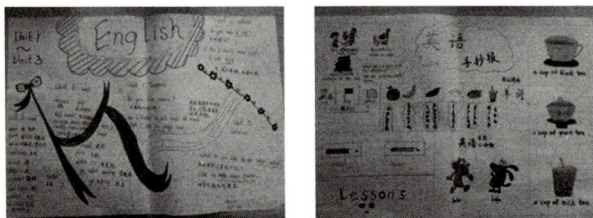

5. 语言实践口语表达

（1）微视频

《英语课程标准》强调语言学习的实践性和应用性。教师根据学生的年龄特点，并结合学生的学习内容，布置基于教材内容的角色扮演，根据课文主题创编新对话等语言实践性作业，是落实语言学习实践性和应用性的有效途径之一。同时建立班级微信群，将学生的口头表达作业通过微视频的方式上传到班级微信群里与全班同学分享。这样的作业方式通过学生的语言实践促进了学生综合语言运用能力的发展。同学们在群里与同班同学分享自己的语言实践过程，促进了学生之间的互相学习与评价，在评价别人的过程发现自己的不足，为接下来的英语学习注入动力。

（2）小调查

在北京版教材五年级上册第六单元 What are your favorite sports? 一课，在课上学生们通过小组活动交流了解了同班同学 favorite sports，课后教师布置这样的作业，调查学校的所有英语老师的 favorite sports。这样的真实的交流活动，培养了学生语言交际能力。

总之，通过以上的大胆尝试，学生学习英语的兴趣和口语交际能力有了很大的提高。使英语学科与其他学科的相互渗透与联系更加紧密，促进学生的认知能力、思维能力、审美情趣、想象力和创造力等素质的综合发展。

参考文献:

《英语课程标准》, 教育部, 北京师范大学出版社。

《北京市英语学科改进意见》, 北京市